굿 라이프

│ 내 삶을 바꾸는 심리학의 지혜 │

최인철(서울대학교 심리학과 교수) 지음

KB192353

21세기북스

THE GOOD LIFE

삶을 바라보는 인간의 방식은
그의 운명을 결정한다.

_ 알베르트 슈바이처

이 책은 일종의 자작곡이다. 2007년에 쓴 『프레임』이 다른 학자들의 연구 성과를 저자의 관점으로 해석하고 편집한 리메이크 노래였다면, 『굿 라이프』는 저자가 지난 10여 년간 제자들과 직접 수행한 연구 결과들에 기초해 써내려간 자작곡이다. 학자라면 자기 연구만을 소개하기보다는 전공 분야의 연구들을 체계적으로 소개해서 독자들의 지식의 지평을 넓히는 데 기여하는 것이 마땅하다. 하지만 그러기에는 학문의 깊이가 일천하고 전작인 『프레임』을 통해서 그런 역할을 한 번은 했다는 점을 핑계 삼아, 이번에는 저자 연구팀의 연구를 중심으로 책을 쓰게 되었다.

행복에 관한 책을 써야겠다는 목표를 처음부터 가지고 있던 것은 아니었다. 지난 10여 년간 해온 연구들과 그 연구들에 기초하여 발표한 논문들을 정리하다 보니 제법 많은 데이터가 쌓였다는 사실을 알게 되었다. 그 연구들이 일정한 주제들로 정리될 수 있다는 사실도 깨닫게 되었다. 『굿 라이프』는 그렇게 우연히 탄생했다.

이 책을 쓰면서 학자에게 최고의 행복은 자기 데이터로 자기이야기를 만들어가는 것이라는 점을 깨닫게 되었다. 남의 데이터를 활용해서 자기 이야기를 만드는 것도 매력적인 작업이지만, 궁극의 학문적 도전은 자기가 쌓아온 데이터만으로 자기만의 이야기를 만드는 것임을 깨닫게 된 것이다.

그렇다고 『굿 라이프』가 대단한 작품은 아니다. 자작곡이라고 하지만 꼭 필요한 경우에는 다른 학자들의 연구를 소개했다. 자작곡을 쓰겠다는 욕심 때문에 다른 학자들의 연구를 의도적으로 혹은 무지에 의해서 누락하는 실수도 범했다. 공부의 깊이가 더해지고 더 많은 데이터가 축적되면 언젠가 '굿 라이프 2.0'을 다시 쓰겠다는 다짐으로 마음의 부담을 내려놓고 이 책을 출간하게 된 것이다.

『굿 라이프』는 저자의 자작곡이면서 동시에 저자 연구팀의 공동의 산물이다. 서울대학교 행복연구센터와 서울대학교 심리학과 대학원에서 함께 연구를 진행한 제자들이 없었다면, 이 책의 단 한 줄도 완성될 수 없었다. 이 책은 온전히 이들의 성과다.

좋은 연구는 좋은 결과를 내는 연구만이 아니라 오랫동안, 지속적으로, 일관되게 하는 연구다. 그런 연구를 위해서는 충분한 재정적 지원과 행정적 지원이 필수다. 그리고 이에 못지않게 중요한 것이 연구의 의미다. 자신의 연구가 세상을 더 나은 곳으로 만드는 데 기여한다는 의미가 있을 때라야 지속적인 연구가 가능하다. 저자에게는 운 좋게도 그런 재정적 지원과 행정적 지원, 그리고 연구의 의미를 제공해주는 사람이 많이 있었다. 행복연구센터의 모든 연구원과 '대한민국 행복수업 프로젝트'를 함께하고 있는 전국의 행복 교사들이 그런 분들이었다. 또한 아낌없는 후원과 지지로 연구의 수고를 가볍게 해주고 좋은 삶의 모범을 직접 보여준 도반들께 진심으로 감사드린다. 특히 플라톤 아카데미 최창원 이사장님과 이사회의 지원과 지지는 절대적이었다. 이분들의 도움에 비하면 한없이 부족한 책이다. 좋은 출판사와 편집자를 파트너로 만나게 된 것도 큰 행운이었다. 북이십일 김영곤 대표님과 김수현 팀장님께 감사드린다.

끝으로 나의 굿 라이프를 완성해준 사랑하는 아내와 두 아이들, 그리고 연로하신 부모님께 무한한 사랑과 감사를 보낸다.

2018년 6월

최인철

행복을 넘어 굿 라이프로

인간은 모두 이론가다. 이론가답게 우리는 각자의 이론에 따라 자신의 삶을 살아간다. 행복도 마찬가지다. 행복에 관한 자신의 이론이 각자의 행복을 만들어간다. 따라서 원하는 만큼의 행복을 누리고 있지 못하다면 자신의 기질이나 환경이 문제일 수도 있지만, 행복에 대한 자신의 이론이 문제일 수도 있다는 생각을 해봐야 한다.

어쩌면 우리는 행복을 순간의 쾌락 정도로만 오해하고 있는지도 모른다. 어쩌면 우리는 '행복'이라는 이름의 특별한 감정이 따로 있을 것이라고 오해한 나머지 이미 충분히 즐겁고, 호기심이 충만하고, 삶의 고요함을 누리고 있으면서도 행복하지 않다고 불안해하는지도 모른다. 어쩌면 우리는 행복이 성공을 포기해야만 찾아오는 것이라고 오해한 나머지, 행복해지는 것을 주저하는지도 모른다. 어쩌면 우리는 행복이 유전의 산물이기 때문에 노력해도 소용없다는 냉소주의에 빠져 있는지도 모른다. 어쩌면 우리는 생존과 번식만이 인간의 궁극적 목적이라는 진화심리학의 논리 앞에서 쩔쩔매고 있는지도 모른다. 어쩌면 우리는 행복을 철저하게 마음의 문제라고만 생각한 나머지 라이프 스타일을 바꾸는 것을 등한시하고 있는지도 모른다. 어쩌면 우리는 행복은 도덕이나 윤리와는 무관한 것이라고 생각한 나머지 타인의 행복을 해치면서까지 자신의 행복을 추구하는 품격 없는 삶을 살고 있는지도 모른다.

『굿 라이프』는 이런 오해와 염려를 다루고 있다. 『굿 라이프』가 행복에 관한 모든 문제에 정답을 줄 수는 없지만, 적어도 행복에 대한 균형 감각은 제공해줄 수 있으리라 기대한다.

행복에 관한 책이면서도 제목을 '굿 라이프'라고 정한 이유는, 행복을 '순간의 기분'으로만 이해하는 경향성을 바로잡기 위해서다. 행복은 순간의 기분이기도 하지만, 동시에 '삶'의 행복이기도 하다. 좋은 음식이 좋은 맛 이상의 것인 것처럼, 삶의 행복은 순간의 행복 이상의 것이다. 행복이 좋은 기분과 좋은 삶이라는 두 가지 의미를 모두 가지고 있음에도 불구하고, 현대인들은 좋은 기분으로서의 행복만을 추구하는 경향이 있다. 그래서 '좋은 삶'으로서의 행복까지 균형 있게 생각할 필요가 있음을 강조하기 위해 책의 제목을 의도적으로 '굿 라이프'로 정했다.

굿 라이프, 즉 좋은 삶으로서의 행복은 좋은 기분과 함께 삶의 의미와 목적, 그리고 삶을 향한 품격 있는 자세와 태도까지 포함한다. 『굿 라이프』는 순간의 행복과 삶 전체의 행복, 즐거움의 행복과 의미의 행복, 자신의 행복과 타인의 행복 사이의 균형을 강조할 것이다. 이를 위해 '행복한 삶', '의미 있는 삶', '품격 있는 삶'의 총 3부로 이 책을 구성했다.

1부 '행복한 삶'에서는 행복에 대한 다양한 오해를 푸는 데 많은 지면을 할애했다. 특히 그 오해들을 幸福이라는 한자(漢字)의 한계와 연결시켜 설명하려고 노력했다. '우연'과 '복'이라는 낱말의 조합인 幸福이라는 한자는 행복의 본질을 지칭하기보다는 행복을 경험하게 하는 사건들의 특성을 지칭한다. 따라서 행복 자체와 행복의 조건을 혼동하는 것에서부터 행복이라는 이름이 붙은 단 하나의 감정이 따로 존재할 것이라는 오해에 이르기까지 다양한 오해를 불러일으킨다. 1부에서는 그런 오해를 해소할 수 있는 행복에 대한 새로운 관점을 제시하고자 했다.

이어서 행복과 유전의 관계에 대한 균형 잡힌 이해를 돕기 위해 다양한 연구 결과를 소개했다. 유전의 힘을 확인할 수 있는 쌍둥이 연구와 환경의 힘을 확인할 수 있는 이민자들의 행복 연구를 함께 소개하여 유전과 환경의 상대적 영향력을 균형 있게 비교할 수 있도록 했다.

마지막으로 행복한 사람들의 삶의 기술 열 가지를 소개했다. 행복해지기 위해 이렇게 살라거나 저렇게 살라는 처방을 제시하기보다, 행복한 사람들과 행복하지 않은 사람들의 차이를 보여주는 연구들을 소개함으로써 독자들 스스로 자신에게 적합한 행복의 기술을 찾아보도록 했다.

2부 '의미 있는 삶'은 의미의 의미를 논하는 것으로 시작했다. 의미를 행복의 요소로 포함시키는 것이 부담스러운 이유는 의미를 보는 관점이 지나치게 무겁기 때문이다. 대의를 위해 자신을 희생하는 삶, 봉사하는 삶, 순교자의 삶처럼 크고 무거운 것만 의미라고 생각하는 경향이 있다. 그러나 의미에는 작고 가벼운 의미도 존재한다. 아이에게 한글을 가르치는 것, 기념일을 챙기는 것, 식물을 키우는 것처럼 우리 주변과 일상을 채우고 있는 지극히 일상적인 의미들이다. 우리가 의미의 일상성 혹은 의미의 평범성을 인정하게 되면 의미를 행복의 축으로 자연스럽게 받아들이게 될 것이다.

다음으로 의미와 쾌락의 차이를 규명한 연구들을 소개하고자 했다. 의미와 쾌락은 서로 밀접하게 관련되어 있지만, 둘 사이에는 미묘하면서도 매우 근본적인 차이들이 존재한다. 예를 들어,

쾌락은 생물학적이고 의미는 문화적이다. 쾌락은 현재에 집중할 때 경험되고, 의미는 과거와 현재와 미래를 통합하는 과정에서 발견된다. 나이가 들면 쾌락보다 의미가 중요해진다. 의미와 쾌락의 이러한 차이를 보여주는 다양한 연구를 통해 의미와 쾌락의 균형 잡힌 삶을 상상해보는 기회가 되었으면 좋겠다.

3부 '품격 있는 삶'에서는 행복해지기 위한 수단으로서가 아니라 그 자체로서 인간의 품격을 보여주는 태도와 자세를 소개하고자 했다. 특히 타인의 행복을 해치면서까지 자신의 행복을 추구하는 것은 결코 정당화될 수 없다는 전제를 가지고, 타인의 행복을 추구하는 삶이 곧 품격 있는 삶이라는 이야기를 담았다. 이를 위해 품격 있는 사람의 열 가지 특징을 소개했다. 저자가 수행한 연구뿐 아니라 세계 유수의 연구팀에서 축적해온 심리학 연구의 결과가 이 특징들을 제시하는 기초가 되었다.

결론적으로 『굿 라이프』의 메시지는 균형과 확장이다.

재미와 의미, 순간과 삶, 유전과 환경, 성공과 행복, 현재와 미래, 자기 행복과 타인의 행복에 대한 균형 잡힌 시각을 갖는 것이 중요하다. 행복에 대한 유연하고 확장된 인식을 갖는 것도 중요하다. 아이스크림을 먹을 때의 즐거움뿐만 아니라 아름다운 풍경과 맞닥뜨렸을 때의 영감과 경외감, 좋아하는 대상에 대한 골똘한 관심도 행복이라는 것을 알게 되면 행복에 이르는 길이 하나가 아님을 알게 된다. 자기희생을 요구하는 무거운 의미뿐만 아니라 아이와 함께 야구장에 가는 것과 같은 가벼운 의미도 의미임을 아는 것 역시 의식의 확장을 가져온다. 균형과 확장이 가져다주는 의식의 자유로움을 통해 우리 모두 지금보다 조금 더 행복해지기를 기원한다.

Chapter 02 • 행복과 유전에 관한 올바른 생각

Chapter 03 • 행복한 사람들의 삶의 기술

Part 02 — 의미 있는 삶

Part 03 ─ 품격 있는 삶

Part 01
-
행복한 삶

The Happy Life

우리가 추구하는 많은 좋은 것 중에 행복처럼 갈망의 대상이면서 동시에 경계와 의심의 대상이 되고 있는 것도 드물다.

우정, 정의, 사랑, 자유, 평화, 창의성.

이 중 그 어떤 것도 행복만큼은 경계의 대상이 되지 않는다. 그것을 추구하는 사람이 가벼운 사람이라고 오해받지도 않는다. 행복을 연구하는 것에 대해서도 사람들은 경계의 끈을 놓지 않는다. 우리 삶에는 행복 말고도 중요한 것이 많다는 논리로 행복 연구의 중요성을 의심한다. 정의나 자유나 창의성에 대한 연구를 '그것 말고도 중요한 것이 많다'는 이유로 폄하하는 경우는 거의 없다. 사실상 우리가 연구하는 모든 주제에 대해서 '우리 삶에는 그것 말고도 중요한 것이 많다'는 논리를 적용할 수 있지만, 왜 유독 행복에 대해서만 그 논리를 적용할까? 그리고 왜 그런 논리를 제기하는 사람을 지적이고 합리적인 사람이라고 치켜세울까?

행복에 대한 경계는 진화론적 관점을 만나면서 절정에 이른다. 행복은 생존과 번식을 위한 수단일 뿐이며 인간의 궁극적 목적이 될 수 없다고 진화심리학은 주장한다. 진화론에서는 생존과 번식이 궁극의 목표이고, 그것을 제외한 그 어떤 것도 수단에 지나지 않는다. 그럼에도 불구하고 진화심리학자들은 정의와 자유와 진리와 창의성에 대해서는, 그것이 생존과 번식을 위한 수단일 뿐 인간의 궁극적 목표가 될 수 없다는 논리로 중요성을 깎아내리지 않는다.

많은 개인과 기업과 국가가 창의성을 위해 많은 돈과 시간과 노력을 쏟아붓고 있지만, 그것이 인생의 궁극적 목표가 아니라거나 그것 말고도 중요한 것들이 있다는 이유로 의심의 눈초리를 보내지는 않는다. 어쩌다 행복은 이런 경계와 의심의 거의 유일한 대상이 되었을까?

이런 경계심에 편승하여 행복에 대한 반감이 공개적으로 표현되기 시작했다. "저는 행복을 추구하기보다는 주어진 삶에 만족하고 싶어요", "저는 행복보다는 삶의 고요를 누리고 싶어요"라는 논리적으로 맞지 않는 말들이 유행하기 시작한 것이다. 이 말들은 "저는 도형은 싫어하지만 삼각형은 좋아해요"라는 말처럼 모순되는 말이다. "저는 우정을 추구하기보다는 친구를 신뢰하고 싶어요", "저는 창의성을 추구하기보다는 전에 없던 것들을 만들고 싶어요"라는 말처럼 난센스다. 삶에 대한 만족 자체가 행복의 중요한 요소이고 삶의 고요를 경험하는 상태가 행복한 상태임에도 불구하고, 사람들은 이들이 마치 서로 다른 것인 양 생각하고 행복을 경계하기 시작한 것이다.

심지어 일부 사람들은 '너무 행복할까 봐' 걱정한다. 너무 행복하면 오히려 불행이 찾아올지 모른다는 염려, 너무 많은 행복은 사람을 망친다는 불안 등 행복해지는 것에 대한 두려움(fear of happiness)이 커지고 있다. 너무 창의적이 될까 봐 걱정하지 않는 것과는 사뭇 대조적이다.

행복에 대한 이런 경계와 의심은 사실 우리의 잘못이라기보다는 행복이라는 개념 자체가 하나의 정의를 허용하지 않는 다중적이고 애매한 개념이기 때문이다. 행복은 물리적 실체가 아니기 때문에 모두가 동의하는 단 하나의 정의, 그리고 모두가 동의하는 단 하나의 측정 방법이 존재할 수 없다.

행복을 가장 경계의 눈으로 바라본 인물로 『보바리 부인』을 쓴 귀스타브 플로베르(1821~1880)를 들 수 있다. 행복에 대한 그의 통렬한 비판이다.

행복해지기 위해서는 세 가지가 필요하다. 어리석을 것, 이기적일 것, 그러나 몸은 건강할 것. 그중에서도 으뜸은 어리석음이다.

플로베르가 이토록 행복을 폄하했던 이유는 그가 가지고 있던 행복에 대한 정의가 지나치게 부정적이었기 때문이다.

행복에 대한 의심과 경계는 행복 자체가 의심스럽고 위험한
실체라서가 아니라, 행복을 바라보는 프레임에 문제가 있기 때
문이다. 행복은 좋은 것이다. 다만 행복에 대한 우리의 프레임이
행복의 실체를 제대로 담아내고 있지 못할 뿐이다. 따라서 행복
을 제대로 이해하고 그에 기초하여 행복한 삶을 추구하기 위해
서는 행복에 대한 우리의 프레임부터 점검해야 한다.

이를 위해 1장에서는 행복에 대한 많은 오해와 의심의 근원
이 어쩌면 幸福이라는 한자에서 기인했을 수 있다는 주장을 펼
것이다. 幸과 福이라는 낱말이 행복의 본질을 알려주기보다는
행복 경험을 유발하는 조건들의 특징(우연과 복)만을 지칭하고
있기 때문에 행복이 무엇인지가 불분명하고, 그 결과 우리는 저
마다의 프레임으로 행복을 이해하게 되었다. 그 과정에서 행복
에 대한 오해들이 생겨났다. 1장에서는 그런 오해들과 함께 오
해를 극복하기 위한 해결책들을 소개할 것이다.

2장에서는 행복과 유전의 관계를 다루고 있다. 행복은 개인
의 노력이나 국가적 정책의 대상이 될 수 없다는 비관론은 행복
이 전적으로 유전에 의해서 결정된다는 오해에서 비롯한다. 인
간의 어떤 특성도 유전의 힘을 비껴갈 수는 없다. 그러나 유전의
힘이 작동한다는 것과 유전이 전적으로 결정한다는 것은 전혀
다른 문제다. 2장에서는 행복에 대한 유전자 결정론의 한계들을

짚어볼 것이다.

3장에서는 행복 실천법들을 소개하고 있다. 그러나 자기계발류의 책들처럼 행복해지기 위한 기법들을 소개하기보다는 행복한 사람들과 행복하지 않은 사람들이 사용하는 삶의 기술들(arts of living)을 비교한 연구들을 소개하여 독자 스스로 행복 실천법들을 생각해볼 수 있도록 했다.

Chapter 01

–

행복의 의미

행복한 삶이란
가슴에 관심 있는 것 하나쯤
담고 사는 삶이다.

幸福이라는 이름이 문제다

어떤 대상에 대한 이해는 그 대상에 '이름'을 붙이는 일로부터 시작된다. 우리에게 '통섭'으로 유명한 하버드 대학의 에드워드 윌슨(Edward Wilson) 교수의 주장이다(We cannot think clearly about a plant or animal until we have a name for it). 우리는 이름을 통해 그 대상이 무엇인지 파악한다. 따라서 우리가 어떤 대상에 대해 오해하고 있다면 그 대상의 이름이 적절한지부터 살펴봐야 한다. 그런 의미에서 우리가 이해하고자 하는 행복이라는 실체에 붙어 있는 이름, 즉 '幸福(행복)'이라는 이름이 과연 적절한지를 먼저 살펴볼 필요가 있다.

어떤 단어는 그 자체로 뜻을 이해하는 데 도움이 된다. 우정(友情) 같은 경우가 그렇다. '친구들 사이의 정', 단어 자체에서 우정의 개념을 짐작할 수 있으니 이용자 친화적인 단어다. 그러나 '행복'은 그렇지 않다. 사실상 행복에 대한 많은 오해는 幸福이라는 한자에서 비롯한다고 해도 과언이 아니다.

행복(幸福) [행: -]
「1」복된 좋은 운수

사전에 제시된 행복의 첫 번째 정의는 '우연히 찾아오는 복'이다. 이 정의는 우연(幸)과 복(福)이라는 두 가지 특성을 행복의 핵심으로 제시하고 있다. 그런데 곰곰이 생각해보면 이 두 가지는 우리가 행복이라고 부르는 마음 상태에 관한 것이 아니라, 그런 마음 상태를 가져오는 조건들의 특성에 관한 것임을 알 수 있다. 다시 말해 행복이라는 단어는 복이라고 부를 수 있을 정도로 특별한(extraordinary) 일이 굳이 애쓰거나 기대하지 않았는데도 일어나는 우연성을 말하고 있을 뿐, 행복이라는 주관적 경험 자체의 본질이 무엇인지에 대해서는 어떤 힌트도 제공해주지 않는다. 幸福은 행복 경험 자체보다는 행복의 조건을 말하고 있을 뿐이다.

이 문제가 우리말에만 국한되는 것은 아니다. 30개 국가의 사전을 분석하여 각 나라에서 행복이 어떻게 정의되어 있는지를 고찰한 한 연구에 따르면, 30개 국가 중 총 24개 국가의 사전에서 행복은 '운 좋게 찾아오는 사건이나 조건'이라고 일차적으로 정의되어 있다.[1] 독일어의 Glück, 프랑스어의 Bonheur, 이란 어의 Khoshali, 노르웨이어의 Lykke 등이 대표적인 예다.

대부분의 언어권에서 행복을 우연히 찾아오는 복이라고 정의한 데에는 그만한 이유가 있다. 자연재해와 질병, 그리고 권력자의 횡포를 미리 예측하고 통제할 수 없었던 인간에게 행복이란 고통과 질병이 다반사인 세상에서 우연히 예외적으로 찾아오는 자연의 축복과 건강, 그리고 권력자의 자애일 수밖에 없었다.

행복 개념이 역사적으로 어떻게 변천해왔는지를 연구한 미국의 역사학자 대린 맥마흔(Darrin M. McMahon)의 분석에 따르면, 과학기술과 의학의 발전으로 인해 인간은 비로소 자신의 운명을 자신이 만들어갈 수 있다는 자신감을 갖게 되었고, 이는 행복을 '우연히 찾아오는 복'이 아니라 '적극적으로 추구해야 할 목표'로 바라보는 관점의 변환을 가져왔다.[2]

그럼에도 불구하고 행복에 관한 인류 초기의 생각들이 여전히 각 나라의 말 속에 유산으로 남아 있기 때문에, 행복을 가리키는 많은 나라의 단어들은 幸福이라는 한자처럼 행복 경험의 본질 자체보다는 그것을 가져오는 사건들의 우연성과 예외성을 나타내게 되었다. 영어의 Happiness가 우연히 일어나는 일을 뜻하는 Hap에서 기원함이 좋은 예다.

행복이라는 단어가 행복이 무엇인지를 알려주지 못하기 때문에, 그렇지 않아도 주관적일 수밖에 없는 행복에 대한 이해는 더더욱 제각각이 될 수밖에 없다. 어떤 이는 행복을 아이스크림 먹을 때의 즐거움과 같은 것이라고 가볍게 정의하고, 어떤 이는 행복을 삶의 의미와 보람 같은 것이라고 무겁게 정의한다. 행복을 가볍게 정의하는 사람들에게 행복이 삶의 목적이 될 수 없음은 너무나 당연하다. 행복이 국가 정책의 목적이 되거나 교육의 대상이 되는 것도 이들에게는 쉽게 이해될 수 없다.

그렇다면 행복이라는 단어가 가르쳐주지 않는 행복 경험의 실체는 무엇인가? 사전에 등장하는 '행복'의 두 번째 정의가 힌트를 제공한다.

행복(幸福)[행: -]
「2」생활의 만족과 삶의 보람을 느끼는 흐뭇한 상태

두 번째 사전적 정의에 따르면, 행복이란 자기 삶에 대한 만족과 보람, 그리고 흐뭇한 상태다. 이 정의는 심리학자들이 '주관적 안녕감(subjective well-being)'이라고 부르는 행복에 대한 정의와 정확히 일치한다. 다수의 심리학자들도 행복에 대해 '유쾌하고 만족스러운 상태'라는 정의를 사용한다. 그러나 유감스럽게도 幸福이라는 단어는 유쾌함과 만족이라는 뜻을 전혀 담고 있지 않다. 기분이 쾌하고 자기 삶에 대해 스스로 만족한 상태가 행복임을 전달하기에는 幸福이라는 이름이 적합하지 않은 것이다. 한마디로 행복이라는 실체와 幸福이라는 단어는 잘못된 만 남이라고 할 수 있다.

그렇다면 행복이라는 마음 상태를 제대로 전달하기 위해 이름을 바꿔보면 어떨까? 행복의 조건이 아니라 행복 경험 자체의 본질을 더 직접적으로 알려주는 이름이 없을까? 일본식 한자인 幸福이 생겨나기 전에 우리를 비롯한 동양 문화권 사람들이 행복을 표현하기 위해 사용한 단어들에서 힌트를 찾아볼 수 있지 않을까? 아래는 고전 연구자인 박재희 박사가 2012년에 쓴 한 칼럼에 등장하는 내용이다.[3]

남의 시선과 기대에 연연하지 않고 내 영혼의 소리에 귀를 기울이고 사는 삶의 자세다. 이렇게 사는 사람은 언제나 마음이 만족스럽다. 그 만족의 상태를 자겸(自謙)이라고 한다. 겸(謙)은 만족스러운 것이다. 남의 시선에 연연하지 않고 자신의 삶에 만족스러운 상태를 바로 쾌족(快足)이라 한다.

중국의 유교 경전 『대학』의 '소위성기의자 무자기야…차지위자겸(所謂誠其意者 毋自欺也…此之謂自謙)'이라는 문장에 등장하는 겸(謙)이라는 단어를 유학자 주희(朱熹)가 '겸쾌야족야(謙快也足也)'라고 해석한 문장을 풀이한 글이다. 여기 등장한 '쾌족'이라는 단어의 해석은 제각각일 수 있지만, 심리학적 관점으로 보면

'쾌족(快足)'은 글자 그대로 '기분이 상쾌하고 자기 삶에 만족'하는 심리 상태를 지칭한다. 행복이라는 단어보다 훨씬 더 정확하고 직접적으로 행복의 심리적 상태를 표현하고 있다.

행복이라는 한자 대신에 쾌족이라는 한자를 써야 한다고 주장하는 것은 아니다. 행복이라는 심리적 경험의 본질에 대해서 우리가 제각각 다른 생각을 하고 그 과정에서 오해가 생기는 이유가 幸福(행복)이라는 한자의 한계라면, 행복이 무엇인지 고민할 때 앞으로는 快足(쾌족)이라는 단어를 함께 떠올려보기를 제안하는 것이다.

행복이 무엇인지 물어보면 많은 사람이 건강하고 가족이 화목한 것, 돈을 많이 버는 것, 좋은 사람과 결혼하는 것 등과 같은 행복의 조건들만을 이야기하고, 정작 행복 경험 자체의 본질은 언급하지 않는 이유도 幸福이라는 단어 자체가 행복의 조건만을 가리키고 있기 때문이다.

행복한 삶을 위한 첫걸음은 행복의 조건과 행복 자체를 구분하는 것이다. 행복에 관해 대화를 나눌 때, 누군가는 행복의 조건(幸福)을 이야기하고 누군가는 행복 경험 자체(快足)를 이야기하고 있다면 대화의 접점을 찾기 어렵다. 행복의 조건을 이해하기 위해서는 幸福이라는 한자의 의미를, 행복 경험의 본질을 이해하기 위해서는 快足이라는 한자의 의미를 되새길 필요가 있다.

행복에는 행복만 있는 것이 아니다

행복의 본질을 쾌족이라고 이해하게 되면, 행복에 대한 가장 큰 오해 하나를 해결할 수 있다. 사람들은 흔히 '행복'이라는 이름이 붙어 있는 특수하고 개별적인 감정이 따로 존재한다고 믿는다. 우리에게 익숙한 많은 긍정적인 감정, 예를 들어 감사, 희열, 뿌듯함, 경외감, 평화로움, 고요함, 이런 것들 말고 행복이라는 또 하나의 개별적인 감정이 있다고 믿는 것이다. 이 때문에 이미 감사를 느끼고, 삶의 경이로움에 감탄하며, 자연과의 조화가 주는 평안함을 만끽하면서도 여전히 '행복'이라는 감정의 결핍을 경험한다. 또한 고요함, 경이로움, 감사와 같은 감정들을 행복과 대비되거나 갈등 관계에 있는 것처럼 생각하는 실수를 범한다. 그 결과, "행복보다는 삶의 고요를 누리고 싶어요"라는 말을 하거나, 누군가 그런 말을 했을 때 큰 감동을 받게 된다.

행복을 쾌족으로 이해하게 되면, 행복한 감정(快)이란 외따로 존재하는 개별적 감정이 아니라 우리를 기분 좋게 하는 다양한 감정 모두를 지칭한다는 것이 분명해진다. 쾌(快)가 단 한 가지가 아니라는 점은 유쾌, 상쾌, 통쾌와 같은 다양한 표현을 보면 자명해진다. 우리는 감사해서도 기분이 좋고, 영감을 받아서도 기분이 좋으며, 고요하고 평화로워서도 기분이 좋다. 기분 좋은 감정의 색깔은 기본적으로 매우 다양하다.

행복을 실제로 측정하는 방법을 자세히 들여다보면 이 점이 더욱 분명해진다. 심리학에서 행복한 감정을 측정할 때에는 PANAS(positive and negative affect schedule)라는 도구를 가장 빈번하게 사용한다.[4] PANAS는 일정 기간 동안 한 개인이 경험한 긍정 감정과 부정 감정의 정도를 측정하는 도구다. 여기에 포함된 긍정 감정 열 가지와 부정 감정 열 가지는 다음과 같다.

〈PANAS 감정 목록〉

긍정 감정	부정 감정
관심 있는	괴로운
신나는	화난
강인한	죄책감 드는
열정적인	겁에 질린
자랑스러운	적대적인
정신이 맑게 깨어 있는	짜증 난
영감 받은	부끄러운
단호한	두려운
집중하는	조바심 나는
활기찬	불안한

행복한 감정 상태를 측정하는 스무 가지 감정을 들여다보면, 놀랍게도 '행복하다'는 감정이 포함되어 있지 않음을 발견할 수 있다. '불행하다'는 감정 역시 포함되어 있지 않다. 이는 행복한 감정 상태가 행복이라는 개별적인 감정을 경험하는 상태(혹은 불행이라는 개별적인 감정을 경험하지 않는 상태)가 아님을 의미한다. 행복해지기 위해서 행복이라는 단 하나의 감정을 느껴야 하는 것이 아니라 PANAS에 제시된 열 가지 긍정 정서, 더 나아가 PANAS에는 포함되어 있지 않지만 우리를 기분 좋게 하는 다른 많은 긍정 정서를 경험하면 된다는 것을 의미한다(앞에서 이미 기술했듯이 행복을 측정하는 단 하나의 옳은 방법은 없다. 따라서 다른 감정 목록을 사용하는 측정 도구들도 존재한다).

행복한 감정 상태는 본질적으로 매우 다양하다. 그럼에도 불구하고 행복한 감정을 '행복'이라는 단 하나의 개별적 감정이라고 좁게 이해하고 있기 때문에, 이미 충분히 행복하면서도 행복하지 않다고 느끼는 역설적 상황에 놓이게 되는 것이다.

행복한 감정 상태를 실제로 측정하는 방법을 알고 나면, 행복을 바라보는 관점이 매우 유연해진다. 미술 작품을 보고 영감을 받는 것(inspired), 어떤 대상에 관심을 갖는 것(interested), 지금 하고 있는 일에 마음을 집중하는 것(attentive) 등이 모두 행복한 상태다.

많은 연구는 우리가 충분히 행복을 누리지 못하는 이유로 '단 하나의 옳은 길이 있다'고 생각하는 경직된 사고를 꼽는다. 예를 들어 가능한 행동의 선택지를 극소수로 제한해놓은 문화, 다시 말해 엄격한 행동 규범이 존재하는 문화의 구성원들이 느슨한 문화의 구성원들보다 낮은 행복감을 경험한다. 개인적 자유가 억압되고 있기 때문이다.

이런 관점에서 볼 때, 행복한 감정을 경험하기 위해서 '행복'이라는 어떤 특수하고 개별적인 감정을 경험해야만 한다고 생각했던 경직된 사고가 우리의 행복을 억압했을 수도 있음을 짐작할 수 있다. 어쩌면 우리는 이미 만족하고 이미 감사하고 이미 고요하고 이미 즐거우면서도, 여전히 행복이라는 파랑새 같은 감정을 경험해야만 한다는 숙제를 안고 살아왔는지도 모른다.

쾌족으로 행복을 이해할 때 얻게 되는 또 하나의 값진 깨달음은 행복이 철저하게 일상적이라는 깨달음이다. 행복을 幸福이라는 단어를 통해서만 이해하게 되면 일상에서 발견하기 어려운 복(福)을 우연히 발견해야 한다고 생각하기 때문에, 일상을 벗어나서 아주 특별하고 신비로운 것을 추구해야 한다고 생각하기 쉽다. 그러나 행복이 좋은 기분과 만족, 그 정도라면 그걸 가능케 하는 것들이 도처에 널려 있음을 알게 된다.

예컨대 기분을 좋게 하는 것이라면, 그리고 내 삶에 만족을 더해주는 것이라면 아이의 웃음소리, 여름밤의 치맥, 시원한 산들

바람, 멋진 문장들, 상사의 예상 밖의 유머, 잘 마른 빨래 냄새, 이적의 〈걱정 말아요 그대〉, 보너스, 모처럼의 낮잠, 여행, 무라카미 하루키, 미세먼지 없는 청명한 날씨 등등 그 리스트에 끝이 없다. 이것들은 다 우리 일상에 있는 것들이다. 행복은 철저하게 일상적이다.

행복은 가벼운 것이라는 오해

幸福이라는 한자는 행복이라는 단일 감정의 존재를 가정하게 할 뿐만 아니라, 그 감정은 피상적이고 얕은 감정일 것이라는 오해를 불러일으킨다. 지적인 사람들, 삶에 대한 진지한 태도를 지닌 사람들이 추구할 만한 감정이 아니라, 기껏해야 피상적이고 천박한 사람들이 추구하는 안락함 정도가 행복이라는 오해를 유발하는 것이다. 철학자 니체가 『우상의 황혼』에서 "행복? 그딴 건 영국 놈들이나 추구하는 것이야(Man does not strive for happiness; only the Englishman does that)"라고 행복과 영국 사람을 폄하했을 때, 그가 생각했던 행복은 그런 오해에 근거한 것이다.[5]

그러나 PANAS에 포함된 몇 가지 긍정 감정을 자세히 살펴보면, 우리의 그런 오해가 얼마나 근거가 없는 것인지를 알 수 있다.

관심 있는(interested)

PANAS는 우리의 행복을 측정하기 위해 우리가 어떤 대상에게 얼마나 관심이 있는지를 묻는다. 인간에게 가장 행복한 상태 중 하나는 무엇인가에 대한 관심으로 머릿속이 가득한 상태다. 특별히 그 대상이 사람일 때 우리는 그것을 '사랑'이라고 부른다. 프로이트가 일찍이 말했듯이, 행복해지고 싶다면 사랑에 빠지는 것이 좋다. 상대방에 대한 관심으로 가득한 상태가 가장 행복한 상태이기 때문이다.

그런 점에서 보면 인기 드라마 〈파리의 연인〉에 등장했던 대사 "내 안에 너 있다"야말로 행복의 본질을 가장 잘 보여주는 표현이다. 행복이란 내 안에 무언가가 있는 상태. 행복한 삶이란 가슴에 관심 있는 것 하나쯤 담고 사는 삶이다. 반대로 행복하지 않은 상태는 관심 있는 것이 아무것도 없는 상태다.

'나는 행복한가?'라는 질문은 '나는 무언가에 관심이 있는가?'라는 질문과 같다. '나는 행복한가?'라는 질문이 주는 중압감과 애매함에 비추어볼 때, '나에게 관심 있는 대상이 있는가?'라는 질문은 실제적이고 실천적이며 명확하다.

나는 행복한가? = 나는 무언가에 관심이 있는가?

관심 있는 마음 상태는 결코 피상적이거나 얕은 감정 상태가
아니다. 관심은 사랑과 예술과 과학, 그리고 모든 문화적 활동의
마르지 않는 원천이다. 관심이 행복이라고 이해하는 한, 행복은
결코 피상적일 수 없다.

영감 받은(inspired)

행복한 상태에 대한 우리의 상상에 잘 등장하지 않는 또 하나
의 긍정 정서는 '영감'이다. 영감이란 보통의 인간에게서는 쉽게
기대되지 않는 성취나 행동을 목격했을 때 우리나는 고취의 감
정이다. 영감의 사전적 정의는 '신령스러운 예감이나 느낌', '창
조적인 일의 계기가 되는 기발한 착상이나 자극'이다. 때로는 소
름이 돋기도 하고, 털이 곤두서는 느낌을 수반한다. 위대한 연설,
영혼을 울리는 음악, 의식을 쪼개는 도끼 같은 문장, 도저히 불가
능할 것 같은 용서, 불굴의 투지처럼 일상성을 뛰어넘는 탁월함
과 도덕성 앞에서 우리의 영혼은 고취되고 의식은 확장된다.
이런 영감의 상태가 행복의 또 다른 요소다. 그러나 불행히도
幸福이라는 한자에는 영감이 행복의 원천이 된다는 그 어떤 힌
트도 제시되어 있지 않다. 그 결과, 우리는 영감과 행복을 별개

로 취급하는 오류를 범하게 되었다. 그리하여 영감으로 가득한 삶을 살고 있으면서도 여전히 행복이라는 또 다른 정서를 누려야 한다는 강박에 시달리게 된 것이다.

감사(gratitude)
경외감(awe)

영감과 사촌 관계에 있는 정서가 둘이 있는데, 하나는 감사이고 다른 하나는 경외감이다. 영감, 감사, 경외감, 이 세 가지는 자기만의 경계를 벗어나게 하는 초월적 감정들이다. 영감을 통해 인간의 한계를 뛰어넘는 탁월함을 경험하고, 감사를 통해 자기와 연결된 타인들과 자연 그리고 신을 인식하게 되며, 경외감을 통해 자기보다 더 거대한 존재들을 느끼게 된다.

이 감정들은 우리 안의 이기심을 극복하고 영원한 것에 눈을 뜨게 하는 힘이 있기 때문에 도덕적 감정이라고 불린다. 그 누구도 이 도덕적 감정들을 피상적이고 천박하다고 폄하하지 않는다. "저는 행복을 추구하기보다 대자연이 주는 경외감을 느끼고 싶어요"라는 말에 감동을 받는다면, 당신은 여전히 행복을 오해하고 있는 것이다.

이처럼 행복에는 행복만 있는 것이 아니다. 이 사실만 알아도 마음이 편해진다. 행복을 가볍다고 경계하는 이유는 행복을 영감이나 관심 같은 상태가 아니라 아이스크림 먹을 때의 즐거움 정도라고만 이해하기 때문이다. 행복에 대한 피로감이 늘어난 이유는 행복이 일상을 벗어나야만 경험되는 '복'이라고 생각하기 때문이다. 행복은 생각보다 훨씬 깊이 있으면서 동시에 지극히 일상적이다.

고통이 없어야 행복이라는 오해

세계에서 가장 유명한 이모티콘인 스마일리는 1963년 미국의 디자이너 하비 볼(Harvey Ball)에 의해 만들어졌다. 한 보험회사가 직원들의 사기 진작을 위해 그에게 의뢰한 일로, 그는 단돈 45달러를 받고 10분 만에 이 디자인을 완성했다. 그 후로 스마일리는 50년이 넘도록 행복의 전 지구적 상징이 되었고, 수많은 이모티콘과 캐릭터가 넘쳐나는 요즘에도 행복을 기원하는 가장 유용한 도구로 사용되고 있다. 이렇듯 전 세계에 웃음과 행복 전도사 역할을 해온 스마일리는 다른 한편, 원치 않는 방향으로 행복에 관한 오해를 키워왔다(물론 이것이 스마일리의 잘못은 아니다).

행복이 스마일리와 연합되면서, 행복은 항상 즐거운 상태일 것이라는 생각들이 강해지기 시작했다. 고뇌와 고통, 좌절과 실망, 분노와 슬픔 등 고통스러운 감정은 무조건적 기피의 대상이 되었고, 어떤 상황에서도 스마일리와 같은 미소를 머금어야 진정한 행복이라는 부담감이 생겨났다. 이는 행복이 과도한 감정노동과 자기기만을 요구하고, 궁극적으로는 자기로부터 자기가 소외되는 현상을 초래한다는 비판을 불러일으켰다. 『긍정의 배신(Bright-Sided)』이라는 책에서 저자 바버라 에런라이크(Barbara Ehrenreich)는 극심한 고통 가운데 있는 사람에게 '무조건 행복할 것'을 강요하는 행복 운동을 신랄하게 비판하고 있다.[6]

다수의 철학자와 심리학자도 인간의 부정적 감정을 극복의 대상으로만 규정한 나머지 고통으로부터 성장할 기회를 박탈하는 무분별한 행복 운동에 대해서 경고하고 있다. 이런 비판과 경고는 겸허하게 받아들여야 한다. 그러나 그 비판과 경고의 일정 부분이 행복에 대한 오해에서 비롯되었다는 점도 알아야 한다.

행복, 즉 쾌족의 상태는 고통의 완전한 부재를 의미하지 않는다. 행복한 감정(快) 상태는 부정적인 감정들과 긍정적인 감정들의 상대적인 비율로 측정된다. 부정적인 감정 경험보다 긍정적인 감정 경험이 더 많을 때를 행복한 상태라고 이야기할 뿐이지, 부정적인 감정 경험이 전혀 없어야만 행복하다고 결코 정의하지 않는다.

최근에 일부 학자들이 긍정 경험과 부정 경험의 이상적인 비율을 찾기 위해 노력하고는 있지만, 그 어떤 학자도 그 비율이 100:0이라고 주장하지 않는다. 2005년에 바버라 프레드릭슨(Barbara Fredrickson)과 마르샬 로사다(Marcial Losada)가 긍정과 부정의 이상적 비율이 대략 3:1(정확히는 2.9013:1)이라는 연구 결과를 발표하기도 했으나, 이후에 이들의 계산이 틀렸음이 밝혀졌다.[7] 아직까지 이상적인 비율이 얼마인지 정확하게 밝혀진 바는 없으나, 중요한 점은 그 어떤 비율도 부정 정서 경험이 제로인 상태를 이상적인 것으로 제안하지는 않을 것이라는 사실이다.

'고통에도 뜻이 있다'는 말처럼, 인간의 부정적인 감정은 매우 중요한 가치를 지니고 있다. 생존이 위협받는 상황에 빠른 속도로 대처하기 위해서는 공포라는 감정을 즉각적으로 느껴야 한다. 중요한 목표가 결정적인 순간에 방해를 받는 상황에서는 분노라는 감정을 경험해야만 즉각적으로 그 상황을 해결할 수 있다. 고통을 경험해야 할 상황에서 고통을 경험하지 않는 것은 정상적인 상태가 아니다. 더 나아가 고통은 우리를 성장시키는 힘을 가지고 있다. 행복이 고통의 완벽한 부재 상태일 것이라는 생각은 완벽하게 틀린 생각이다. 그것은 마치 완벽한 결혼 생활이란 부부 싸움을 한 번도 하지 않는 것이라고 기대하는 것과 같다.

이 이야기를 강조하기 위해서 조금 돌아가보려고 한다.

두 명의 천재적인 심리학자의 삶을 파헤친 『언두잉 프로젝트(Undoing Project)』를 읽는 것은 저자에게 뜻밖의 고통을 안겨주었다.[8] 이 책은 두 명의 위대한 심리학자 대니얼 카너먼(Daniel Kahneman)과 에이머스 트버스키(Amos Tversky)의 평생에 걸친 공동 작업과 그들의 우정을 소개하고 있다. 1996년에 트버스키가 암으로 세상을 떠나고, 카너먼 홀로 2002년 노벨 경제학상을 수상했다. 그들의 독특한 공동 연구 방식을 알고 있었던 모든 이들은 트버스키가 살아 있었다면 두 사람이 공동으로 노벨상을 수상했을 것이라고 입을 모았다.

조국 이스라엘을 떠나 미국에서 유학한 이들이 젊은 시절부터 의기투합하여 오늘날 행동경제학이라고 부르는 분야를 만들어낸 과정은 매우 감동적이다. 특히 부러운 점은 서로에 대한 그들의 신뢰였다. 그들은 자신들의 모든 연구가 공동 소유라고 믿었기 때문에, 논문을 쓸 때마다 '번갈아가며' 저자 표기 순서를 정했다. 한 논문이 '트버스키&카너먼'이었다면 다음 논문은 '카너먼&트버스키'인 식이다. 학자라면 누구나 꿈꾸는 완벽한 동료 관계가 아닐 수 없다. 따라서 이 두 사람 사이에 어떤 시기와 질투, 그리고 갈등이 없었을 것이라고 생각한 것은 비단 저자만이 아니었다.

그러나 이 책의 저자인 마이클 루이스(Michael Lewis)가 파헤친 그들의 관계는 그런 기대와는 사뭇 달랐다. 두 사람의 관계는 후반부로 갈수록 서로에 대한 섭섭함, 시기, 질투, 오해로 얼룩져갔다. 두 사람을 가까이에서 지켜본 트버스키 교수의 아내가 "이혼보다 더 끔찍했어요"라고 표현할 정도로 둘의 관계는 어그러졌다. UC버클리에 재직하던 카너먼이 프린스턴 대학으로 옮긴 이유도 버클리에서 매우 가까운 스탠퍼드 대학에 재직하던 트버스키를 벗어나고자 함이었다는 부분을 읽을 때는 정말로 절망적이었다.

그러나 곰곰이 생각해보면 이 절망은 저자가 이들에게 가졌던 비현실적인 기대 때문이었다. 어떤 오류도 없어야 한다는 완벽주의적 생각이 우리를 괴롭히듯이, 이상적인 관계에는 어떤 갈등도 없어야 한다는 비현실적 기대 역시 우리를 힘들게 한다. 가끔은 다툴 수도 있고 갈등도 생길 수 있다는 생각을 가지고 있으면, 다툼과 갈등이 실제로 발생해도 충격을 덜 받는 법이다.

이 원리는 행복에도 그대로 적용된다. 행복을 부정적인 감정이 전혀 없는 늘 즐거운 상태여야 한다고 기대하면 조그만 고통에도 크게 좌절할 가능성이 높고, 결과적으로 그런 기대를 갖지 않은 사람보다 역설적으로 더 낮은 행복감을 경험할 가능성이 높다. 우리 연구팀은 이 가능성을 검증해보고자 했다.

심리학자 이선 맥머핸(Ethan McMahan)에 따르면 사람들은 행복의 본질을 다음 네 가지 차원에서 파악한다.[9]

1) 즐거움을 경험하는 것
2) 부정적인 경험을 하지 않는 것
3) 타인의 웰빙에 기여하는 것
4) 자신이 성장하는 것

어떤 사람들은 행복이란 즐거움을 경험하는 것이라고 생각하고, 또 어떤 사람들은 자신이 성장하는 것이 행복이라고 생각한다. 맥머핸은 행복의 본질이 무엇인가에 대한 생각이 위의 네 가지 차원에서 제각각 다를 수 있음을 보여주었다.

우리 연구팀은 2번 '부정적인 경험을 하지 않는 것'에 주된 관심을 갖게 되었다. 우리는 행복이란 어떤 고통도, 어떤 부정적인 감정도 경험하지 않는 것이라는 생각에 사람들이 얼마나 동의하는지에 주목했다. 우리 연구팀은 한 걸음 더 나아가서 행복에 대해 이런 이상적인 혹은 비현실적인 기대를 가지고 있는 사람들이 역설적으로 행복감이 낮은지, 그리고 스트레스 상황에 직면했을 때 오히려 더 큰 충격을 받는지를 알아보고자 했다.

결과는 우리가 예상한 그대로였다.[10] 우선, 고통이나 부정적인 감정이 없어야 행복이라고 믿는 사람들이 그렇지 않은 사람들에 비해 행복감이 낮았다. 더 흥미로운 사실은 이 경향성이 스트레스 상황에서 더 강하게 나타났다는 점이었다. 고통의 완벽한 부재가 행복이라고 믿는 사람들 — 이들을 고통 기피자라고 부르자 — 은 스트레스, 즉 고통을 경험하게 되면 더 큰 충격을 받았다. 마치 부부 싸움을 전혀 하지 않아야 행복한 결혼이라고 믿는 사람들이 막상 싸움이 발생했을 때 더 심한 충격을 받는 것과 같은 이치다.

더 나아가 우리는 고통 기피자들이 즐거운 일이 일어날 가능성이 있더라도 불쾌하거나 고통스러운 일이 일어날 가능성이 조금이라도 예상된다면, 그런 일을 애초부터 피하려고 한다는 점도 발견했다. 예를 들어 어느 여행지가 먹거리와 볼거리가 풍성하지만 바가지를 쓸 가능성이 있다는 정보가 주어지면, 고통 기피자들은 그 여행을 주저했다. 행복을 경험할 수 있는 기회를 스스로 제한해버리는 꼴이었다.

행복에 관한 연구 분야 — 흔히 행복을 연구하는 심리학 분야를 긍정심리학(positive psychology)이나 주관적 안녕감 연구

(subjective well-being research)라고 하며, 일부 철학자들은 가치 심리학(prudential psychology)이라고도 한다 — 에 대한 가장 빈번한 비판은, 이 분야가 인간의 고통을 무시하고 무조건적으로 긍정할 것을 강요한다는 것이다. 물론 일부 행복 실천가들이 무조건 긍정할 것, 고통도 위장된 행복이니 무조건 감사할 것 등 오해받을 만한 주장을 하는 것이 사실이다. 하지만 행복을 연구하는 학자들 중 그 누구도 행복은 고통의 완벽한 부재 상태이며, 고통은 무조건 부정하고 기피해야 할 대상이라고 주장하지 않는다.

건강 증진을 목표로 하는 분야들 — 건강심리학, 헬스 케어, 의학, 보건 등등 — 이 건강을 핵심 주제로 다루지만 동시에 질병과 고통을 다루어야만 하듯이, 행복(happiness)에 대한 연구는 필연적으로 불행(unhappiness)을 다룰 수밖에 없다. 불행과 고통은 행복 연구의 중요한 축이며, 행복심리학은 본질상 불행심리학이다. 그간 고통과 불행 연구가 상대적으로 많이 진행된 것에 비해 행복에 대한 연구가 소홀했기에, 과거의 심리학과 다른 새로운 심리학의 흐름을 강조하기 위해 긍정심리학이라는 이름이 필요했을 뿐, 고통과 부정에 눈감으라는 함의가 있는 것은 결코 아니다.

고통과 행복의 관계에 대해 균형 잡힌 이해를 갖게 되면, 행복이 스마일리처럼 마냥 즐거운 상태라는 오해로부터 벗어날 수 있다.

행복의 우연성을 허하라

앞서 우리는 행복(幸福)이라는 단어가 행복의 조건만을 가리킬 뿐 행복의 본질에 대해서는 눈감는다는 점을 살펴봤다. 그렇지만 이 한자어가 마냥 해로운 것만은 아니다. 현대사회가 행복을 적극적으로 추구해야 할 대상으로 간주하면서, 우리는 행복을 경험하게 하는 사건들의 중요한 특성 하나를 점점 간과하게 되었다. 바로 행복의 우연성이다. 행복이 설계되고 기획되고 추구되어야 할 대상이 되면서, 우연한 행복이 설 자리가 사라지고 있다. 그러나 쾌족(快足)을 경험하기에 '행(幸)'이라는 우연성만큼 효과적인 것도 없다.

행복은 본질 자체가 자유로움이기 때문에 행복에 대한 가이드라인도 느슨해야 한다. 오직 이 방법만이 행복에 이르게 한다면서 하나의 길만을 제시하거나, 행복은 선택이 아니라 삶의 의무라고 행복을 종용하는 것은 행복의 본질에 어긋나는 일이다.

자연스러운 행복, 우연한 행복, 심각하지 않은 행복이 설 자리를 마련해야 한다. 그런 면에서 김사인의 시 「조용한 일」은 우연히 발견한 행복을 실감케 한다.[11]

이도 저도 마땅치 않은 저녁
철이른 낙엽 하나 슬머시 곁에 내린다

그냥 있어볼 길밖에 없는 내 곁에
저도 말없이 그냥 있는다

고맙다
실은 이런 것이 고마운 일이다

"실은 이런 것이 고마운 일이다", 우연히 발견한 소소한 행복을 지칭하는 표현으로 이만큼 적절한 것이 있을까.

　행복은 비장한 전투에서 얻어내는 승리가 아니다. 행복은 우리 삶에 우연히 찾아와준 것들에 대한 발견이다. 幸福이라는 한자어가 주는 깊은 교훈이다. 행복의 본질을 쉽게 이해하기 위해서는 쾌족이라는 한자어가 더 낫지만, 행복이라는 단어를 결코 포기할 수 없는 이유는 바로 행복의 우연성에 대한 가르침 때문이다. 정복의 대상, 추구의 대상, 그리고 설계의 대상이 되어버린 행복이 우리에게 주는 중압감을 이겨내기에 '행(幸)'이라는 글자만큼 효과적인 것도 없다.
　내게 일어나는 우연을 내가 설계할 수는 없지만, 타인에게 일어나는 우연은 내가 설계할 수 있다. 예를 들어, 겨울옷을 꺼낼 때 우연히 공돈을 발견하는 기쁨을 위해 식구들의 옷에 의도적으로 지폐 한 장을 넣어두는 것(자기 옷에 의도적으로 넣어두는 것도 멋진 일이다. 왜냐하면 돈을 넣어둔 사실을 망각할 것이 분명하니까), 기념일도 아니고 명절도 아닌데 뜬금없이 누군가에게 선물권을 보내는 것, 톨게이트에서 전혀 모르는 뒷사람을 위해 돈을 내주는 것. 이처럼 누군가에게 행복을 준다는 것은 그 사람에게 우연을 선물한다는 의미다.

Chapter 01을 나가며

행복은 선망의 대상이자 동시에 경계와 의심의 대상이다.

현대인들은 행복이 지나치게 피상적이고 가벼운 것이 아닐까 의심하고, 자신이 너무 행복해질까 봐 경계한다. 너무 창의적이 될까 봐 걱정하지 않는 것과는 대조적이다.

이런 경계와 의심은 행복의 본질에 대한 우리의 오해에서 비롯되며, 그 오해는 幸福이라는 한자의 한계와 관련이 있다. 幸福이라는 한자는 행복의 본질이 아니라 행복의 조건을 지칭하고 있다. 따라서 우리는 행복의 본질에 대해서 제각각 추측할 수밖에 없고 그 과정에서 많은 오해가 생겨난다.

행복은 아이스크림을 먹는 즐거움처럼 가벼우면서 대가의 작품에서 경험하는 영감과 경외감처럼 깊이가 있다. 행복은 고통의 완벽한 부재를 뜻하지 않는다. 오히려 고통의 의미를 이해하고 그것을 통해 성장하려는 자세다. 무엇보다 행복은 '행복'이라는 이름이 붙어 있는 단 하나의 감정이 아니다. 삶의 고요함을 만끽하고 있다면, 사랑하는 대상에 대한 관심으로 가슴이 설렌다면, 스스로에 대한 자부심으로 충만하다면 우리는 이미 행복한 것이다.

Chapter 02

–

행복과 유전에 관한 올바른 생각

유전이 인간의 행복에 관여한다는 사실은 분명하다.
그러나 더 중요한 점은 유전이 결코
행복을 운명 짓지 않는다는 사실이다.

행복은 유전이 만들어낸 운명인가

굿 라이프(좋은 삶)에 대한 성찰은 두 가지 물음에 대한 답을 찾는 과정이다. 하나는 굿 라이프란 무엇인가에 관한 물음이고, 다른 하나는 어떻게 하면 그런 삶을 살 수 있을까에 관한 물음이다. 첫 번째 물음이 좋은 삶의 '내용'에 관한 것이라면, 두 번째 물음은 좋은 삶의 '방법'에 관한 것이라고 할 수 있다. 그런데 두 번째 물음에 대한 답을 찾아가는 과정에서 반드시 만나게 되는 또 하나의 물음이 있다. 바로 좋은 삶과 유전, 행복과 유전 사이의 관계에 대한 물음이다.

좋은 삶의 내용과 방법에 대한 답을 얻었다고 하더라도 과연 그런 삶이 '가능한가?'라는 물음에 대해 자신이 없다면, 좋은 삶에 대한 성찰은 허무하게 끝날 수밖에 없다. 만일 행복이 유전에 의해 전적으로 결정된다고 믿으면, 좋은 삶을 위한 노력은 불필요하게 된다. 반대로 유전의 힘을 무시하고 이루어지는 좋은 삶

을 향한 노력은 우리를 과도한 긍정주의의 함정에 빠트릴 위험
이 있다. 따라서 좋은 삶이 무엇이고, 어떻게 하면 좋은 삶을 살
수 있을지에 대해 고민하기 전에 과연 좋은 삶은 가능한가라는
질문부터 다룰 필요가 있다.

행복은 키 키우기보다 쉽다

1996년 《심리 과학(Psychological Science)》이라는 매우 권위
있는 저널에 "행복은 우연적 현상이다(Happiness is a stochastic
phenomenon)"라는 제목의 논문이 발표되었다.[1] 데이비드 리켄
(David Lykken)과 오크 텔리건(Auke Tellegen)이라는 두 명의 미
네소타 대학 심리학자들이 발표한 논문이다. 리켄과 텔리건
은 바로 직전 해인 1995년에 발표된 데이비드 마이어스(David
Myers)와 에드 디너(Ed Diener)의 연구에 큰 감동을 받고 자신들
이 보유한 데이터를 이용해서 동일한 결론을 도출하고자 했다.[2]
  마이어스와 디너는 개인의 행복과 개인의 인구통계학적 특성
들 사이에는 큰 관계가 없다는 연구 결과를 발표했다. 다시 말해
개인의 나이, 성별, 교육 수준, 직업, 연봉 등의 변수들이 행복을
설명하는 힘은 생각보다 크지 않음을 보고한 것이다. 리켄과 텔

리건은 이 결론을 한 번 더 증명하는 것을 넘어서서, 인구통계학적 변수들이 행복을 설명하는 힘이 약한 이유가 유전의 힘이 강하기 때문일 것이라는 가설을 검증하고자 했다.

이 두 가지 목적을 달성하기에 그들은 매우 유리한 위치에 있었는데, 쌍둥이에 관한 매우 방대한 데이터를 이용할 수 있기 때문이었다. 환경과 유전의 상대적 힘을 비교하기에 가장 좋은 도구 중 하나가 쌍둥이에 관한 자료인데, 운 좋게도 그들이 재직하던 미네소타 대학은 쌍둥이 데이터를 세계에서 가장 많이 보유한 대학이었다.

쌍둥이 데이터 중에서도 특별히 더 귀중해서 '다이아몬드'라고 불리는 데이터가 있는데, 매우 어린 시절에 서로 다른 가정에 입양되어 따로 살게 된 쌍둥이들을 추적한 데이터다. 이 자료를 이용하면 서로 다른 가정에 입양된 일란성 쌍둥이들이 지능, 성격, 행복 등 중요한 심리적 특성에서 서로 얼마나 유사한지를 분석할 수 있고, 그 결과 인간의 심리적 특성에 기여하는 유전과 환경의 상대적 힘을 비교해볼 수 있다. 매우 어린 시기에 서로 다른 가정에 입양된 일란성 쌍둥이들의 후속 자료를 확보하는 일이 워낙 어렵기 때문에, 이 자료를 다이아몬드라고 부른다.

리켄과 텔리건은 태어난 지 얼마 되지 않아 서로 다른 가정에 입양된 일란성 쌍둥이들의 행복을 9년 간격으로 조사한 자료를 분석할 수 있었다. 우선적으로 분석한 것은 각자의 행복 점수가

9년 동안 어떻게 변했는지였다. 각자의 9년 전과 9년 후 행복 점수 간의 상관계수를 구한 결과 '.55'로 나타났다(참고로 상관계수는 -1에서 1까지의 숫자로 표시되며, 숫자가 1에 가까울수록 두 변수가 서로 강하게 연관되어 있음을 보여준다).

그런데 매우 놀랍게도, 9년 전에 측정한 자기 쌍둥이 형제의 행복 점수와 9년 후의 자기 행복 점수의 상관(즉 쌍둥이 형제를 A, B 라고 하면, 9년 후 A의 행복 점수와 9년 전 B의 행복 점수 간의 상관, 혹은 그 반대)이 .54로 나타났다! 이는 현재의 행복 점수를 예측하기 위해, 그 사람의 9년 전 점수를 사용하든 그의 쌍둥이 형제의 9년 전 점수를 사용하든 결과가 거의 동일하다는 점을 의미한다. 서로 다른 환경에서 자랐음에도 불구하고 이들의 행복 간의 상관이 높다는 점은, 개인 간 행복의 차이가 유전적 특성에 의해 대부분 결정됨을 시사한다.

여기까지는 논문에 별문제가 없었다. 그러나 이들은 이 결과를 해석하면서 논문의 끝부분에서 매우 유명한(악명 높은?) 발언을 하게 된다.

It may be that trying to be happier is as futile as trying to be taller.

(행복해지려고 노력하는 것은 키를 키우려고 노력하는 것만큼 부질없다.)

행복은 철저하게 유전에 의해서 결정되므로 유전자 로또에서 운이 좋은 사람은 행복한 사람이 될 것이고, 그렇지 않은 사람은 아무리 노력해도 행복해지기 어렵다는 주장을 편 것이다. 이 문장 하나로 저자들은 세계적인 유명세를 타게 된다. 이들의 연구는 미국 내 유력 일간지 및 방송을 넘어, 전 세계 언론의 주목을 받게 된다. 예상치 못한 미디어의 관심에 리켄은 학자로서 큰 부담을 갖게 된다. 단순히 유명세에 대한 부담만이 아니었다. 자신들의 마지막 주장이 과장을 넘어서 근거가 없다는 것을 잘 알고 있는 데서 오는 부담이었다.

그 무렵에 세계적인 출판 에이전트인 존 브록먼(John Brock-man)이 행복과 유전의 관계에 대한 솔직한 견해를 펴는 책을 써볼 것을 리켄에게 권한다. 그래서 출간된 책이 리켄의『행복: 즐거움과 만족감의 선천성과 후천성(Happiness: The Nature and Nurture of Joy and Contentment)』(1999)이다.[3] 논문이 출판되고 3년 만에 나온 책이니 그 논문으로 인한 부담을 얼마나 빨리 떨쳐내고자 했는지 짐작할 수 있다.

이 책의 서문에서 리켄은 "이제 이 책에서 분명히 드러나겠지만, 우리의 그 비관적인 주장은 데이터에 의해 뒷받침되지 않을뿐더러, 명백하게 틀린 주장이다(For reasons that will become evident, that pessimistic conclusion is not impelled by the data and, in fact, I believe, it is wrong)"라고 분명하게 적음으로써, 자신의 발언이 일종의 '오버'이자 오류였음을 고백하고 있다. 더 나아가 자신이 책을 내는 이유가 이런 자기 잘못을 "바로잡기 위한 것(a chance to set the record straight)"이라고 명확하게 밝히고 있다.

자신의 잘못을 바로잡기 위한 그의 집착은 제1장의 첫 문장에서 더 두드러진다. 다음의 문장이다.

My purpose in this book is to recant the claim I made earlier that, because happiness has strong genetic roots, "trying to be happier is like trying to be taller."

(이 책을 쓰는 목적은, 행복에 유전적 힘이 강하기 때문에 "행복해지려고 노력하는 것은 키를 키우려고 노력하는 것과 같다"고 한 나의 발언을 취소하기 위한 것이다.)

리켄은 만일 행복이 유전자에 의해 전적으로 결정된다면 행복해지기 위한 방법을 소개하는 책을 자신이 어떻게 쓸 수 있겠냐고 고백한다. 그러나 불행히도 리켄의 책을 기억하는 사람은 거의 없다. 여전히 많은 사람이, 심지어 학자들도, 리켄 본인의 이런 해명과 수정 노력에도 불구하고 1996년의 논문, 그것도 마지막 문장만을 기억하면서 행복에 대한 과도한 유전자 결정론을 신봉하고 있다.

행복에 미치는 유전의 힘에 대한 올바른 이해는 단순히 과학적 지식의 문제가 아니라, 행복을 향한 우리의 의지에 큰 영향을 주는 문제다. 만일 유전이 행복을 전적으로 결정한다면, 행복해지기 위한 개인의 노력과 국민의 행복 수준을 높이기 위한 국가적 노력 모두 큰 의미가 없어진다. 리켄 스스로 자신의 주장이 잘못되었음을 그렇게 집요하게 바로잡고자 했던 이유다.

그렇다면 유전과 행복의 관계를 어떻게 이해해야 할까? 리켄의 원래 주장은 왜 틀렸을까?

변화 가능성과 유전율에 대한 오해

인간의 거의 모든 행동과 특성에는 유전이 관여한다. 그러나 '관여'한다는 말이 '결정'한다는 뜻은 결코 아니다. 언론 매체가 연일 "우울증 유전자 발견", "행복 유전자 발견", "비만 유전자 발견"과 같은 자극적인 제목으로 유전자 결정론을 지지하는 것처럼 보이는 연구 성과들을 소개하고 있지만, 특정 질병과 특정 특성이 특정 유전자에 의해 단독으로 결정되는 경우는 거의 없다. 그뿐 아니라 특정 질병을 유발하는 유전자라고 밝혀진 경우에도 그 유전자가 그 질병 외에 다른 많은 현상에도 관여된 경우가 많아서, 특정 유전자가 특정 현상 하나에만 관여한다고 주장하기는 불가능에 가깝다.

더욱이 어떤 유전자가 구체적인 질병이나 행동으로 발현되는 과정에는 수많은 환경적 요인이 관여한다. 따라서 유전자와 유전자 사이의 복잡한 상호작용, 유전자와 환경의 복잡한 상호작용을 감안하면, 유전과 환경 중 무엇이 더 중요한가라는 이분법적 질문은 도널드 헵(Donald Hebb)의 주장처럼 마치 가로와 세로 중에 무엇이 사각형 넓이에 기여하는 정도가 더 큰가라고 묻는 것과 같다.[4]

어떤 유전자를 가지고 있다는 것은, 그가 처한 환경과 노력에 상관없이 특정 질병이나 특성을 갖게 되는 운명을 가지고 태어났다는 점을 의미하지 않는다. 유전자 정보를 분석하는 것은 우리의 미래와 행복을 알려주는 무오류의 신탁이 될 수 없다. 그럼에도 불구하고 유전자 결정론이 빠른 속도로 우리 사회에 퍼지고 있는 점에 대해 우려하지 않을 수 없다.

유전이 운명이 아니라는 점을 이해하기 위해서는 유전과 환경이, 그리고 유전자들이 서로 매우 복잡한 상호작용을 한다는 점을 이해하는 것이 우선적으로 필요하다. 이 이해를 바탕으로 추가적으로 한 가지를 더 알아야 하는데, 이 내용이야말로 행복과 유전의 관계에 대한 모든 오해의 원천이다. 그리고 리켄의 원래 주장이 왜 틀렸는지를 알려주는 내용이기도 하다.

유전을 운명으로 받아들이게 되는 큰 이유는 유전율(heritabil-ity)과 변화 가능성(modifiability)이라는 두 가지 개념을 혼동하기 때문이다. 유전율이란 '어떤 특성에서 나타나는 개인들 간의 차이가 그들의 유전적인 차이에 의해서 설명되는 정도'를 의미한다. 이는 철저하게 집단 내의 개인차에 관한 개념이다. 한 개인의 절대 점수에 관한 개념이 결코 아니다. 이와 달리 변화 가능성은 '한 개인의 특성이 변화될 수 있는 정도'를 의미한다. 집단 내 개인차와 유전의 관계를 다루는 유전율과 한 개인의 변화를 의미하는 변화 가능성은 애초부터 전혀 관계가 없는 개념이다.

키를 예로 들어 생각해보면 이 둘 사이의 구분이 좀 더 명확해진다. 인간의 키는 유전율이 가장 강한 특성 중 하나다(리켄과 텔리건이 자신들의 논문에서 키와 행복을 연관시킨 것도 이 때문이다). 이 말은 같은 학급 학생들의 키 차이(집단 내의 개인차)가 그들의 유전적인 차이에 의해서 상당 부분 설명된다는 점을 의미한다. 다른 말로 이야기하면, 학생들의 키 차이는 이들의 부모들 사이의 키 차이에 의해 잘 설명된다는 뜻이다. 그러나 여기서 간과하고 있는 중요한 사실은 부모들의 평균 키보다 아이들의 평균 키가 월등하게 클 수 있다는 점이다.

키의 차이가 유전의 차이에 의해서 설명되는 정도가 강하다는 것은 키가 작은 부모에게서 태어난 아이가 키가 큰 부모에게서 태어난 아이보다 더 크기는 어렵다는 것을 의미한다. 결코,

키 작은 부모에게서 태어난 아이의 키 자체가 크지 않다는 것을 의미하지 않는다. 여전히 그 아이의 키는 자기 부모의 키보다 클 수 있다.

실제로 지난 100년간의 평균 키 상승률을 조사한 통계에서 우리나라 여성은 세계 어느 나라 여성보다도 평균 키가 가장 많이 자랐고, 우리나라 남성은 세 번째로 키가 많이 자란 것으로 나타났다. 이처럼 키는 유전율이 높지만 변화 가능성도 크다.

〈한국인 평균 신장의 변화〉

한국 여성의 평균 신장은 지난 100년 사이(1914~2014년) 20.1cm 증가해 세계 200개국 여성 중 가장 빠르게 성장한 것으로 알려졌다.

• 출처: 《서울신문》, 2016. 7. 27.

유전율과 변화 가능성은 전혀 관계가 없는 개념들이다. 조금 어려운 이야기이지만 유전학자 리처드 르원틴(Richard Lewontin)의 표현을 빌자면 유전율은 변량 분석(analysis of variance)에 관한 것이고, 이는 인과 분석(analysis of cause)과는 관계가 없다. 따라서 유전율에 기초해서 한 개인의 특성을 인과적으로 변화시키는 정도를 추론하는 것은 논리적 오류다. 그럼에도 불구하고 일반인들은 물론이고 심지어 일부 학자들도 이 둘을 혼동하여 '유전율=변화 가능성'이라고 해석하면서 근거 없는 운명론적 시각에 사로잡혀 있다.

행복의 유전율이 높다는 것은 행복하지 않은 부모에게서 태어난 아이의 행복이 행복한 부모에게서 태어난 아이의 행복보다 높기는 어려울 수 있다는 것을 의미한다. 그러나 여전히 아이의 행복 수준 자체는 현재보다 높아질 수 있다. 변화 가능성은 유전율과는 전혀 관계가 없는 개념이기 때문이다.

우리는 누구누구보다 더 행복해지기 위한 올림픽을 하고 있는 것이 아니다. 만일 우리가 그런 상대적 행복을 놓고 경쟁한다면 유전율이 의미가 있다. 그러나 우리는 남들보다 더 행복해지기 위한 시합을 하고 있는 것이 아니라, 지금보다 조금 더 행복해지기를 원할 뿐이다. 이때 중요한 것은 변화 가능성이지 유전율이 아니다.

행복한 나라에 가면 행복해진다

일란성 쌍둥이 입양아 연구는 유전의 힘을 확인할 수 있는 좋은 기회를 제공하지만, 환경의 힘을 확인하기에는 치명적인 한계를 지니고 있다. 환경의 힘을 확인하려면 아주 나쁜 환경에서부터 아주 좋은 환경까지 모두를 조사해야 한다. 그러나 아이들을 입양시킬 때 아주 나쁜 환경으로는 보내지 않기 때문에, 분석의 대상이 되는 환경은 좋은 쪽으로 심하게 편향되어 있을 수밖에 없다.

입양아 연구가 매우 제한된 범위의 환경을 다룰 수밖에 없기 때문에, 이 연구에서 추정되는 환경의 힘은 실제보다 과소평가될 수밖에 없다. 환경의 힘, 즉 사회의 질이 행복에 미치는 영향력을 제대로 평가하기 위해서는 아주 나쁜 환경에서부터 아주 좋은 환경에 이르기까지 다양한 수준의 환경에 노출된 사람들의 행복을 조사해야만 한다. 그렇다고 연구 목적을 위해 일부러 좋지 않은 환경으로 입양 보낼 수는 없는 노릇이다.

이런 상황에 대한 효과적인 해결책을 뜻밖의 대상에게서 발견할 수 있다. 바로 이민자들이다. 이민의 많은 경우는 (난민이나 추방을 예외로 하면) 본인들의 자발적인 선택으로 이루어진다. 또한 이민자를 수용하는 나라들의 환경은 매우 다양하다. 따라서 입양아 연구의 한계를 극복할 수 있는 좋은 기회를 제공해준다.

전 세계적으로 이민자는 2억 5천만 명에 이른다(2015년 기준). 세계 인구의 약 3.3퍼센트의 사람들이 이민자인 셈이다. 1990년에 약 1억 5천만 명이었던 이주민 수가 25년 만에 약 1억 명 증가한 것이다. 앞으로도 이 추세는 계속될 전망이다.

행복한 삶을 위해 조국을 떠난 그들은 과연 더 행복해졌을까? 만일 유전이 행복을 결정하는 운명 같은 요인이라면 아무리 더 나은 국가에 정착했더라도 이민자들의 행복은 별로 나아지지 않을 것이다. 유전이 운명이라면 그들의 행복 수준은 자기 조국의 행복 수준에서 크게 달라지지 않을 것이다. 그러나 행복이 경제적 여건과 사회문화적 환경, 그리고 그 환경이 제공하는 라이프 스타일에 크게 영향을 받는다면, 이민자들의 행복은 자기 조국의 행복 수준을 뛰어넘어 새롭게 정착한 국가의 행복 수준에 이르게 될 것이다.

유엔 행복보고서(UN World Happiness Report) 2018년판은 바로 이 문제에 주목하고, 국가별 행복 지수 조사에 참여한 응답자 중 최소 100명 이상의 이민자가 포함된 나라들만 뽑아서 이민자의 행복 점수를 분석했다(참고로 이 보고서에 실리는 갤럽 세계 조사 Gallup World Poll는 각 나라에서 15세 이상 성인 1천 명 정도를 모집해 실시한다). 이민자들이 어느 나라에서 어느 나라로 이주했는지를 알 수 있기 때문에 그들의 행복 점수가 원래 살던 나라의 행복 점수와 유사한지, 새롭게 정착한 나라의 행복 점수와 유사한지를 알아낼 수 있다.

2005년부터 2017년까지 이루어진 갤럽 세계 조사의 참가자 가운데 이민자는 약 9만 3천 명이었고, 자국인은 약 154만 명이었다. 이들의 행복 점수를 출생 국가와 이민 국가를 고려하여 세밀하게 분석했는데, 결과가 매우 놀라웠다.

연구자들은 먼저 자국인들 자료에 근거하여 각 나라의 행복 점수를 계산했다. 이때 측정한 행복은 삶의 만족감(즉, 足)이었다. 그런 후에 이민자들의 응답에 기초하여 각 나라의 행복 점수를 다시 계산했다. 이민자들의 출생 국가가 아니라 이민 와서 살고 있는 국가의 점수를 다시 계산한 것이다. 예를 들어, 핀란드 자국인들을 대상으로 핀란드의 행복 점수를 계산하고, 핀란드에 이민 와서 살고 있는 사람들의 응답에 근거하여 핀란드의 행복 점수를 다시 계산한 것이다.

이런 식으로 117개 국가의 두 가지 행복 점수를 계산한 후에, 이 두 점수 사이의 상관계수를 구했더니 무려 .96으로 나타났다! (25년의 연구 생활 동안 .96이라는 상관계수를 본 기억이 없다.) 이는 자국인들을 대상으로 행복 점수를 계산해서 국가별 순위를 정하나, 이민 온 사람들의 행복 점수를 계산하여 국가별 순위를 정하나 거의 차이가 없다는 점을 의미한다. 이 결과가 다음 그래프에 제시되어 있다.

〈117개국 자국인과 이민자의 행복 점수〉

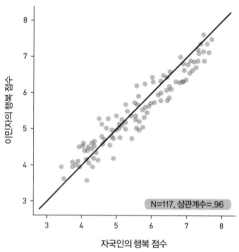

• 출처: UN World Happiness Report(2018).

　X축은 자국인들의 행복 점수, Y축은 그 나라에 이민 온 사람들의 행복 점수를 나타낸다. 그래프 선분이 45도 각도로 거의 완벽하게 일직선을 이루고 있음을 볼 수 있다. 그 나라 국민의 행복 수준이 궁금하면, 그 나라에 이민 온 사람들의 행복 수준을 알아보면 된다는 점을 의미한다.

　혹자는 다음과 같은 반론을 제기할 수도 있다. 행복한 나라에는 행복한 국가의 국민들이, 불행한 나라에는 불행한 국가의 국민들이 이민 오기 때문에 이 결과는 새로 정착한 국가의 특징이 아니라 이민자들의 조국의 특징을 보여준다고. 매우 흥미 있는 대안 가설이다. 이를 검증하는 효과적인 방법은 한 나라를 지정하여 그 나라에 이민 온 다양한 국적의 이민자들 행복 점수가 자기 조국의 행복 점수와 비슷한지, 아니면 이민 와서 살고 있는 나라의 행복 점수와 비슷한지를 알아보는 것이다. 이 분석을 위해서는 다양한 나라에서 이민 온 사람들의 수가 충분히 많은 국가를 선택해야 한다. 그 대표적인 나라가 캐나다와 영국이다.

캐나다의 결과가 다음 그래프에 제시되어 있다. 캐나다에 이민 온 총 100개국 출신 사람들의 행복을 측정한 결과, 그들의 행복 수준은 출신 국가의 행복 수준이 아니라 캐나다 자국민들의 행복 수준과 유사한 것으로 나타났다. 행복감이 낮은 아프리카 출신이나 동양 출신 이민자들도 있었지만, 그들의 행복은 캐나다 자국민 수준과 큰 차이가 없었다. X축은 그들의 출신 국가들의 평균 행복 수준이고, Y축은 그들이 캐나다에 살고 있으면서 실제로 경험하고 있는 행복 수준이다. 따라서 그들의 행복이 출신 국가의 행복 수준에 머무르고 있다면 그래프는 45도에 가까운 일직선을 보여야 한다.

그러나 그래프에서 확인할 수 있듯이, 출신 국가와 무관하게 그들의 행복은 캐나다 자국민의 평균치와 매우 유사한 패턴을

보였다. 또 출신 국가와 상관없이 그들은 유사한 수준의 행복을
경험하고 있었다.

〈100개국에서 캐나다로 이민 온 사람들의 행복 점수〉

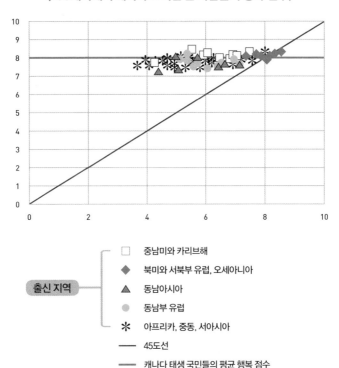

출신 지역
- □ 중남미와 카리브해
- ◆ 북미와 서북부 유럽, 오세아니아
- ▲ 동남아시아
- ● 동남부 유럽
- ✳ 아프리카, 중동, 서아시아
- ─── 45도선
- ─── 캐나다 태생 국민들의 평균 행복 점수

· 출처: UN World Happiness Report(2018).

영국의 경우도 마찬가지였다. 총 70개국 출신 이민자들을 조사한 결과, 그들은 출신국의 행복 수준과 무관하게 영국 자국인들과 유사한 행복 수준을 경험하고 있었다.

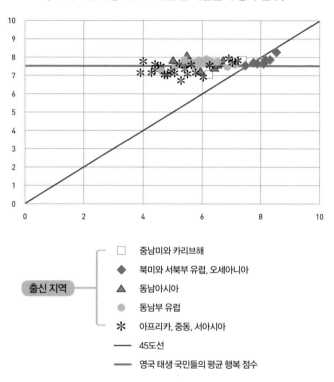

〈70개국에서 영국으로 이민 온 사람들의 행복 점수〉

출신 지역

☐ 중남미와 카리브해

◆ 북미와 서북부 유럽, 오세아니아

▲ 동남아시아

● 동남부 유럽

✳ 아프리카, 중동, 서아시아

── 45도선

── 영국 태생 국민들의 평균 행복 점수

• 출처: UN World Happiness Report(2018).

이 분석을 주도한 연구자들은 "행복은 거주하고 있는 사회의 질에 따라 변할 수 있고, 실제로도 변한다"라고 결론 내리고 있다. 행복이 유전에 의한 운명이라면 결코 기대될 수 없는 패턴을 발견했기 때문에 내릴 수 있었던 결론이다.

삶의 질이 좋은 나라로의 이민은 사람들을 행복하게 만든다. 반면에 삶의 질이 좋지 않은 나라로의 이민은 사람들을 불행하게 만든다. 사회의 질이 유전의 힘을 이길 수 있기 때문이다.

행복은 운명이라는 믿음의 역풍

유전과 환경의 관계가 매우 복잡할 뿐만 아니라 유전율과 변화 가능성의 구분이 어렵기 때문에 일반인들은 행복과 유전의 관계에 대해 제각각 다른 생각을 하게 될 가능성이 높다. 명백하게 옳은 하나의 사실이 존재하는 영역에서는 사람들 사이에 의견의 불일치가 거의 없다. 예를 들어, 오늘날 지구가 돈다는 사실에 대해 이의를 제기하는 사람은 거의 없다. 그러나 행복에 기여하는 유전과 환경의 관계는 연구 역사가 짧을 뿐 아니라, 이들의 관계가 매우 복잡하기 때문에 일반인들은 물론 심지어 학자들도 각기 주관적 견해를 가질 수밖에 없다.

그렇다면 행복과 유전의 관계에 대한 일반인들의 생각은 서로 어떻게 그리고 어느 정도 다를까? 또한 개인들이 가진 생각의 차이는 개인의 실제 행복 수준과 행복해지려는 노력에 어떤 영향을 미칠까? 우리 연구팀은 이 질문들에 답하기 위해 일련의 연구를 진행했다. 특히 유전자 결정론을 신봉하는 사람일수록 행복해지려는 의지가 약할 것이라는 가설을 검증해보고자 했다.[5]

유전자 결정론을 믿는 정도를 측정하기 위해 열두 개 문장을 참가자들에게 제시하고 동의하는 정도를 물었다. 동의하는 정도가 강할수록 유전자 결정론을 신봉하고 있다고 할 수 있다. 그중 두 문장은 다음과 같다.

- 우리의 행복은 대체로 유전자에 의해 미리 결정된다.
- 한 개인의 행복 수준은 평생 동안 잘 바뀌지 않는다.

우리가 예상한 대로 사람들 간의 개인차가 큰 것으로 나타났다. 어떤 사람들은 행복에 대한 유전자 결정론을 강하게 신봉했지만, 어떤 사람들은 노력이나 환경에 의해 행복이 결정된다는 생각을 강하게 했다.

우리의 더 중요한 연구 목적은 유전자 결정론을 강하게 믿을수록 행복해지기 위해 노력하는 데 관심이 없을 것이라는 가설을 검증하는 것이었다. 행복해지기 위한 노력을 할 의지를 측정하기 위해, 지금껏 심리학 연구를 통해 밝혀진 행복에 도움이 되는 열한 가지 활동을 연구 참가자들에게 제시하고 각각의 활동을 할 의사가 얼마나 있는지를 물었다.

〈행복을 위한 11가지 활동〉

1) 명상하기

2) 운동하기

3) 친절 베풀기

4) 자신에게 중요한 목표 추구하기

5) 감사 표현하기

6) 낙관적 마음 갖기

7) 삶의 즐거움을 만끽하기

8) 행복한 사람처럼 행동하기

9) 지금 이 순간을 음미하기

10) 스트레스를 이기는 효과적 전략들을 사용하기

11) 타인과 비교하지 않기

분석 결과는 우리의 가설을 확증해주었다. 유전자 결정론을 믿는 정도와 열한 가지 행복 증진 활동에 참여할 의사 사이에 부적(-) 상관관계가 발견된 것이다. 이 패턴은 한국인들(r = -.47)뿐 아니라 미국인들(r = -.29)에게서도 동일하게 발견되었다. 이는 행복이 유전자에 의해 결정된다는 생각을 하는 사람일수록 행복해지기 위한 노력을 소용없는 것으로 본다는 점을 시사한다.

그러나 이 결과에 대해 다음과 같은 반론을 제기할 수 있다. 유전자 결정론을 믿는 사람들은 아무리 노력해도 행복을 얻을 수 없다고 생각하기 때문에 행복 활동 의지가 약한 것이 아니라, 애초부터 행복을 중요하게 생각하지 않기 때문에 행복해지려는 노력을 하지 않는 것이라고. 다시 말해, 애초부터 행복을 중시하지 않기 때문에 행복 활동 참여 의사가 낮은 것이지, 행복이 유전에 의해 결정된다고 믿기 때문에 행복 활동 참여 의사가 낮은 것은 아니라는 반론이다.

우리는 이런 반론에 대비해서, 참가자들이 행복을 얼마나 중요하게 생각하는지를 미리 측정해두었다. 분석 결과, 유전자 결정론자든 환경론자든 행복의 중요성에 대한 생각에서는 별다른 차이를 보이지 않았다. 유전자 결정론을 믿는 사람들도 행복이 중요하다고는 생각하지만, 개인의 노력을 통해서 행복해질 수 있을 것이라는 생각에는 비관적이었음을 보여주는 결과다.

유전자 결정론의 오류와 위험성이 행복에만 국한되는 것은 아니다. 심리학자 스티븐 하이네(Steven Heine)는 『DNA는 운명이 아니다: 당신과 당신 유전자에 관한 완벽한 오해(DNA Is Not

Destiny: The Remarkable, Completely Misunderstood Relationship between You and Your Genes)』라는 책을 통해, 인간이 어떤 특성(예, 지능)이나 사회적 범주(예, 흑인)를 바라보는 관점은 기본적으로 본질주의적(essentialistic)일 수 있음을 지적했다.[6] 다시 말해, 사람들은 어떤 특성을 그 특성이게끔 하는 어떤 '본질'이 있을 것이라고 생각한다. 비록 그 본질이 무엇인지는 모르지만 여자를 여자이게끔, 머리 좋은 사람을 머리 좋게끔, 우울한 사람을 우울하게끔 만드는, 보이지 않는 '어떤 본질'이 있을 것이라고 가정한다. 이런 생각을 심리학에서는 심리적 본질주의(psychological essentialism)라고 불러왔다.

1990년대에 시작된 인간게놈 프로젝트 이후로 사람들은 '유전자'가 그 본질이 아닐까라는 생각을 하기 시작했다. 인간의 특성을 결정하는 본질이 있고, 그 본질이 유전자일 것이라는 유전자 본질주의가 급속하게 퍼진 것이다. 행복이 행복 유전자에 의해 결정된다는 생각도 그 일례일 뿐이다. 따라서 행복에 대한 유전자 결정론을 믿는 사람은 다른 특성들에 대한 유전자 결정론도 믿을 가능성이 높다. 다른 모든 특성에 대해서는 환경론을 믿으면서, 오직 행복에 대해서만 유전자 결정론을 믿는 경우는 상상하기 어렵다.

스티븐 하이네의 『DNA는 운명이 아니다』에 잘 정리되어 있듯이, 유전자 결정론은 사람들 간 불평등의 기원을 유전적 특성에 두기 때문에 불평등 자체를 불가피한 것으로 규정한다. 다시 말해, 남녀·인종 간 불평등의 근원을 유전의 차이로 보기 때문에 자신의 능력을 개선하려는 개인적 의지는 물론, 불평등을 개선하려는 사회적 의지도 무의미하다고 본다.

'강한 유전자 결정론(strong genetic determinism)'은 사실 관계에서 이미 틀렸을 뿐만 아니라 좋은 삶과 좋은 사회를 지향하는 우리의 노력에 부정적인 영향을 끼친다는 것이 이미 많은 연구를 통해 밝혀졌다. 유전자가 운명이라고 보는 강한 유전자 결정론보다는 유전자가 인간의 특성에 기여한다고 보는 '약한 유전자 결정론(weak genetic determinism)'이 훨씬 타당하다.[7]

유전자의 힘은 궤도가 정해진 기찻길이 아니다. 다른 유전자들 및 환경 요인들과의 복잡한 상호작용에 의해 바뀔 수 있는 특징을 가지고 있다. 금수저·흙수저 논쟁 같은 계층 결정론도 위험하지만, 생물학적 결정론 역시 우리가 경계해야 할 운명론적 사고다.

행복은 늘 제자리로 돌아오는가

매일 아침 지구촌 어디에선가는 반드시 이런 대화가 오간다.

엄마: 이불 개라.

아들: 저녁에 또 펼 건데 꼭 개야 해?

엄마: 그래도 개!

기껏 애써봐야 결국 제자리로 돌아온다면, 애초부터 굳이 수고할 필요가 없다는 아들과 그래도 이불을 개야 한다는 엄마, 둘 중 누가 옳은가? 유사한 논쟁이 행복 연구에도 존재한다. 그리고 이 논쟁을 제대로 이해하는 것이 행복과 유전의 관계를 바라보는 또 하나의 실마리를 제공해준다.

1971년 심리학자 필립 브릭먼(Philip Brickman)과 도널드 캠벨(Donald T. Campbell)은 '쾌락의 쳇바퀴(hedonic treadmill)'라는 용어를 세상에 처음으로 소개했다.[8] 쾌락의 쳇바퀴란 어떤 경험으로 유발된 정서적 상태가 시간이 지나면 '결국' 제자리로 돌아오는 적응(adaptation) 현상을 지칭한다. 운동 기구인 트레드밀 위에서 아무리 달려봐야 결국 제자리인 것에 빗대서 만들어낸 용어다. 물론 이런 생각이 이전에 없었던 것은 아니다. 성 아우구스티누스도 아래와 같은 고백을 통해 비슷한 생각을 표현한 적이 있다.

욕망이라는 것은 쉼을 모른다. 욕망 자체가 무한하며 끝이 없어서 늘 제자리로 돌아오는 연자방아를 돌리는 말과 같다.

고대부터 이런 생각이 존재했던 이유는, 그만큼 적응 현상이 인간의 생존과 건강에 필수적이기 때문이다. 우리의 생리 활동은 일시적인 변화에도 불구하고 시간이 지나면 제자리로 돌아오는 속성(항상성, homeostasis)을 가지고 있다. 가령 우리의 체온은 일시적인 변동이 있을지언정 결국 36.5도로 돌아온다. 우리의 심박도 일시적으로 빨라질 수는 있어도 빠른 시간 안에 제자리로 돌아온다. 만일 이런 항상성이 작동되지 않아 우리의 생리 활동이 끝내 제자리로 돌아오지 않는다면, 최악의 경우 죽음에 이를 수도 있다.

인간의 감정도 항상성을 가지고 있다. 슬픈 사건으로 인해 일시적으로 우울을 경험하는 것은 걱정할 일이 아니다. 일정 기간이 지나면 원래의 감정 상태로 돌아오기 때문이다. 기쁜 사건으로 인해 경험하는 강렬한 희열도 일정 기간이 지나면 약해진다. 이 역시 인간 생존에 필수적인 항상성의 작동 결과다. 희열의 상태가 너무 장기간 지속되면 일상적인 생활을 해나가기가 어렵기 때문이다. 신경과학 연구에 따르면 이성 간의 열정적 사랑도 그 유효 기간은 짧으면 3년, 길어야 7년 정도에 불과하다. 격정적인 사랑이 지나치게 오래 유지되면 자녀 양육을 포함한 일상의 일들을 안정적으로 할 수 없기 때문이다. 이처럼 제자리로 돌아오는 속성 그 자체는 놀랄 일도 아니고 실망스러운 일도 아니다.

유전이 행복을 결정한다는 생각의 이면에는 개인이 아무리 노력해도, 그리고 국가가 아무리 노력해도, 결국 개인의 행복은 제자리로 돌아온다는 생각이 자리 잡고 있다. 행복한 사건을 경험한 후에 일시적으로 행복감이 상승하거나 불행한 사건 이후에 행복감이 하락하더라도, 결국은 그 사람의 정해진 행복 수준(set point)으로 돌아온다는 주장은 일련의 연구를 통해서 지지받아왔다.

그러나 위에서 언급했듯이 이는 결코 놀라운 현상이 아니며, 실망할 일은 더더욱 아니다. 열정적인 사랑이 결국에는 식는다고 해서 그런 사랑을 처음부터 할 필요가 없다고 주장하거나, 몸의 비정상적 상태가 결국 제자리로 돌아올 것이기 때문에 방치해도 된다고 주장하는 것이 우스꽝스러운 일이듯, 행복도 결국 제자리로 돌아오기 때문에 불행을 줄이고 행복을 늘리려는 노력은 소용없다는 주장은 이상한 생각이다. 행복이 제자리로 돌아온다는 사실 자체보다는 그 사실을 어떻게 해석할 것인지가 더 중요하다.

우선, 제자리로 돌아오는 데 걸리는 시간을 고려할 필요가 있다. 만일 어떤 사건으로 인해 하락한 행복감이 원래 수준으로 돌아오는 데 걸리는 시간이 아주 길다면, 결국은 제자리로 돌아온다는 주장은 틀린 말은 아니라도 효용성 면에서는 의미가 없다.

이 주제에 관한 가장 대표적인 분석이 미국 미시간 주립대학의 리처드 루카스(Richard Lucas) 교수 연구팀에 의해 체계적으로 진행되었다.[9] 다음 그래프에서 확인할 수 있듯이, 삶의 중요한 사건들 중에서도 사별, 장기 실업, 중증 장애를 경험한 사람들의 행복감은 심각하게 낮아진다. 이들의 행복감이 제 수준으로 돌아오는 데에는 약 9년 이상의 시간이 걸린다. 그 후로도 회복되지 못하는 경우도 존재한다. 그런데 최소 9년이라는 시간은 행복이 결국 제자리로 돌아온다는 주장을 궁색하게 만들 정도로 매우 긴 시간이 아닌가?

두 번째로 생각해볼 사항 역시 '시간'과 관련 있다. 파도에 지워질 것이 분명함에도 서로에 대한 사랑을 백사장에 표시하는 연인들을 무모하거나 비합리적이라고 비난하지 않는다. 결국 사라질지언정 '그 순간'이 그들에게는 매우 중요한 삶의 일부이기 때문이다. 제자리로 돌아간다고 하더라도 그때까지 경험한 행복한 시간들은, 아무리 짧더라도 그 자체로 소중하다. 같은 원리로, 결국 다시 제자리로 돌아온다고 하더라도 그때까지 받은 고통은 그 자체로 고통스러운 것이다. 결국 회복될 고통이라고 해서 아무런 조치를 취하지 않는 것은 어리석은 일이다.

행복의 측면에서든 고통의 측면에서든 결국 원래의 감정 상태로 돌아갈 것이기에 노력할 필요가 없다는 생각은 지나치게 냉소적인 태도다. 언제 죽음이 찾아올지 모르는 인간 실존의 한

<사건 전후 삶의 만족도 변화>

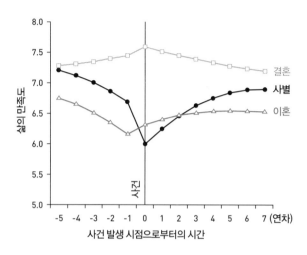

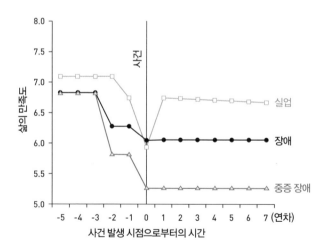

• 출처: Lucas(2007).

계를 감안하면, 우리 삶은 매 순간이 소중하다. 결국 제자리로 돌아갈 것이라는 이유로 지금 이 순간의 행복을 무시하는 것은 삶에 대한 현명한 자세가 아니다. 우리에게 가장 확실한 삶은 언제나 지금 이 순간이기 때문이다.

행복은 마음먹기에 달렸다는 오해

도대체 우리는 왜 행복과 불행 수준이 영원하지 않고 결국에는 제자리로 돌아온다는 생각에 그렇게 집착하게 되었을까? 복권에 당첨된다고 더 행복해지는 것도 아니고, 사고로 인해 장애를 입더라도 더 불행해지지 않는다는 속설을 왜 이렇게 굳게 믿게 되었을까? 한 연구의 결과가 왜곡되어 대중에게 알려졌기 때문이다.[10]

이 연구에서는 복권 당첨과 같은 큰 행운(글자 그대로의 幸福)을 경험한 사람들과 사고로 장애를 입은 사람들의 행복감을 일반인의 행복감과 비교했다. 참가자들의 현재의 행복감을 5점 척도에서 측정했는데, 다음 표에서 확인할 수 있듯이 복권 당첨자의 점수와 일반인의 점수가 크게 다르지 않은 것으로 나타났다. 이 결과는 복권 당첨이 우리를 반드시 행복하게 만들어주는 것은 아니라는 우리의 통념과 일치한다. 다음으로, 사고를 당한 사람들의 점수(2.96)는 일반인의 점수(3.82)에 비하여 유의하게 낮았다. 다시 말해 이들은 일반인과 같은 수준으로 행복한 것이 결코 아니었다! 그런데 왜 이 연구 결과가 사고를 당한 사람들도 일반인처럼 행복하다는 내용으로 잘못 알려지게 되었을까?

〈복권 당첨자와 사고 희생자, 일반인의 행복감 비교〉

조건	행복 점수		
	과거	현재	미래
복권 당첨자	3.77	4.00	4.20
일반인	3.32	3.82	4.14
사고를 당한 사람	4.41	2.96	4.32

• 출처: Brickman & Coates & Janoff-Bulman(1978).

연구자들은 사고를 당한 사람들의 행복감 평균치 2.96이 5점 척도의 중간값인 2.50보다 낮지 않다는 점에 주목하고, 이 사실을 지나치게 강조했다. 다시 말해, 사고를 당한 사람들의 현재 행복 점수가 예상보다는 낮지 않다는 점을 강조하고 싶은 나머지, 그 점수가 일반인의 행복 점수보다는 낮다는 점을 충분히 강조하지 않은 것이다. 그리하여 사고를 당한 사람들이 '예상보다 불행하지 않다'는 결과가 '사고를 당해도 불행하지 않다'로 둔갑되었고, 이후 이 논문은 불행한 사건 후에도 사람들의 행복감은 결국 제 수준으로 회복된다는 주장을 뒷받침하는 대표적인 증거로 자리 잡게 되었다.

　최근에 이 문제점을 지적하는 시도들이 진행되고 있지만, 이 연구가 만들어낸 잘못된 신화는 이미 커질 대로 커져버린 상태다. 이렇게 해서 우리는 끔찍한 사고조차도 우리를 영원히 불행하게 만들지 않는다는 신화를 믿으며 살게 된 것이다.

　지금까지의 연구들을 종합하면, 유전이 인간의 행복에 관여한다는 사실은 분명하다. 그러나 인간의 거의 모든 특성에 유전이 관여한다는 행동유전학(behavioral genetics)의 제1법칙에서 보면 이는 그리 놀랄 만한 점은 아니다. 중요한 점은 유전이 행복에 기여하는 것은 맞지만 유전이 결코 행복을 운명 짓지 않는다는 사실이다. 유전자 결정론, 특히 강한 유전자 결정론은 오류일 뿐만 아니라 행복에 대한 우리의 의지를 약화시키고 행복해지기 위한 개인과 사회의 노력을 과도하게 냉소적으로 바라보게 하는 위험성을 안고 있다.

　행복과 유전의 관계에 대한 논의를 마치기 전에, 이 분야에 대해 보다 깊이 있는 이해를 갖기 원하는 독자들을 위해 행동유전학에서 즐겨 사용하는 연구 방법의 특징 한 가지를 추가로 소개하고자 한다. 이 특징을 이해하면 비단 행복뿐 아니라 인간의 다른 특성들에 대한 유전과 환경의 상대적 영향력을 올바로 이해하게 된다.

사람들 사이의 유전적 유사성은 측정이 용이하다. 예를 들어, 일란성 쌍둥이들은 유전적으로 완전히 일치(identical)한다. 또한 일란성 쌍둥이들은 이란성 쌍둥이들보다 유전적으로 두 배 더 유사하다. 반면에 사람들 사이의 환경의 유사성은 측정과 비교가 쉽지 않다. 내 환경과 완벽하게 일치하는 환경, 즉 '일란성 환경'이 가능하겠는가? 같은 집에서 살고 있는 형제자매라고 해서 서로가 완전히 일치하는 환경을 가졌다고 할 수 있는가? 전혀 아니다. 또한 내 환경 특성을 정확하게 두 배 더 가진 환경을 어떻게 알아낼 수 있겠는가? 이런 방법론적 이유로 인해서 행동유전학자들은 유전의 상대적 힘을 쉽게 계산할 수 있지만(물론 정확하지는 않다), 환경론자들은 환경의 상대적 힘을 쉽게 계산할 수 없다.

더욱이 하등동물의 경우는 환경을 조작하거나 유전자를 조작해서 환경과 유전자의 인과적 역할을 직접적으로 확인할 수 있지만 인간의 경우에는 방법론적으로나 윤리적으로 그것이 가능하지 않다. 따라서 행동유전학의 통계적 방법으로 계산된 '유전율'을 가지고 유전과 환경의 상대적 힘을 비교하는 것은 불완전할 수밖에 없다. 이런 이유로 유전의 힘은 실제보다 과장되어 있을 수 있고, 환경과 노력의 힘은 실제보다 과소평가되어 있을 수 있다는 점을 기억할 필요가 있다.

유전자의 힘은 궤도가 정해진 기찻길이 아니다. 유전은 인간의 거의 모든 행동과 특징에 관여하지만, 유전자의 발현 과정에는 수많은 환경적 요인 또한 관여한다. 그러므로 유전은 우리의 미래와 행복을 알려주는 무오류의 신탁이 될 수 없다.

유전율이란 집단 내의 개인차에 관한 개념일 뿐, 한 개인의 변화를 의미하는 변화 가능성과 전혀 관계가 없다. 키 작은 부모에게서 태어난 아이는 키 큰 부모에게서 태어난 아이보다 키가 더 크기는 어렵겠지만, 그 아이는 키 작은 부모의 키보다 클 수 있다는 사실을 잊어서는 안 된다.

우리는 남들보다 더 행복해지기 위한 시합을 하고 있는 것이 아니다. 지금보다 조금 더 행복해지기를 원할 뿐이다. 남들과 경쟁하지 않는 행복을 향한 노력, 제자리로 돌아온다 해도 지금 이 순간의 행복을 긍정할 줄 아는 삶의 자세가 중요하다.

Chapter 03

–

행복한 사람들의 삶의 기술

행복한 사람과 행복하지 않은 사람은
같은 일상을 다른 마음으로 살고 있을 수도 있지만,
애초부터 서로 다른 일상을 살고 있을 가능성이 높다.

행복한 삶의 기술을 배울 수 있는 가장 효과적인 방법은 행복한 사람들과 행복하지 않은 사람들의 라이프 스타일을 비교해보는 것이다. 100세를 사는 사람들과 단명하는 사람들을 비교하여 장수의 비결을 알아내려는 시도와 같은 이치다. 이 비교를 통해 발견한 행복한 사람들의 삶의 기술들을 소개하고자 한다.

행복한 사람들의 삶의 기술은 크게 두 그룹으로 나뉜다. 첫 번째 그룹은 '심리주의자의 기술'이라고 부를 수 있는 것으로서, 어떤 상황에서도 행복을 경험할 수 있는 마음의 기술이다. 명상을 하거나, 감사한 일을 세어보거나, 부정적 사건을 긍정적으로 재해석해보는 것 등이 대표적이다.

두 번째 그룹은 '환경주의자의 기술'이라고 부를 수 있는 것으로서, 특별한 마음의 기술을 갖추고 있지 않더라도 애초부터 쉽게 행복을 경험할 수 있는 '상황'을 만들어내는 기술이다. 맛있는 것을 먹거나 행복한 사람들과 시간을 보내는 것이 그 예다. 행복한 사람들은 이 두 가지 기술을 자유자재로 그리고 균형 있게 사용하는 사람들이다.

그러나 아쉽게도, 우리 사회에는 심리주의자의 기술만을 지나치게 강조하는 경향이 존재한다. 행복의 기원이 전적으로 마음에 있다고 가정하기 때문에 마음을 다스리는 법, 미움받을 용기를 키우는 법, 신경 끄는 기술을 배우는 법 등으로 요약될 수 있는 일체의 심리적 기법들에 큰 관심을 갖는다. 이런 기술들은 부정적인 사건이 발생한 후에 사용하는 기술들이기 때문에, 소극적이며 사후 처리적인 특성이 강하다. 애초부터 부정적인 사건과 경험을 최소화하고 긍정적인 사건과 경험을 원천적으로 늘리려는 환경주의자의 기술에는 무관심한 편이다. 어쩌면 환경주의자의 기술이 지나치게 합리적이어서, 행복의 신비함을 반감시킨다고 느끼기 때문인지 모르겠다.

행복한 사람들의 '마음의 기술'을 배우는 것도 중요하지만, 행복한 사람들이 자신의 일상을 어떻게 구성하는지를 배우는 것도 못지않게 중요하다. 행복한 사람과 행복하지 않은 사람은 같은 일상을 다른 마음으로 살고 있을 수도 있지만, 애초부터 서로 다른 일상을 살고 있을 가능성이 높다. 행복한 사람들의 마음보다 행복한 사람들의 일상을 분석해보려는 시도가 우선이 되어야 하는지도 모른다. 어떤 음식을 먹더라도 감사하고 즐거운 마음으로 먹는 것도 중요하지만, 애초부터 맛있고 건강한 음식을 먹는 것이 중요한 것과 같은 이치다. 누구를 만나든 즐거운 마음으로 만나려고 노력하는 것도 중요하지만 처음부터 좋은 사람들과 어울리는 것이 중요하고, 지루한 일도 기쁘게 할 수 있는 마음의 비결을 발견하는 것도 중요하지만 처음부터 즐거운 일을 하는 것이 더 중요한 것과 같은 맥락이다.

이 장에서는 마음가짐을 중시하는 심리주의자의 기술뿐 아니라 일상 자체를 다르게 구성하는 환경주의자의 기술을 골고루 제시했다. 가급적 저자 연구팀의 연구 결과들을 많이 소개하고자 했기 때문에, 행복한 사람들의 삶의 기술에 관한 모든 연구를 소개하지 못하는 한계를 미리 밝힌다.

1. 잘하는 일보다 좋아하는 일을 한다

행복한 사람들은 좋아하는 일을 할까, 잘하는 일을 할까?

어떤 일을 좋아하면 잘할 가능성이 높고, 잘하면 좋아할 가능성이 높다. 그러나 불행히도 이 둘이 일치하지 않는 상황이 종종 발생한다. 특별히 못하는 일은 아니지만 전혀 가슴이 뛰지 않는 일을 해본 사람들이라면 그 상황이 가져다주는 고뇌와 갈등을 이해할 수 있을 것이다. 가슴 뛰도록 좋아하는 일이건만 원하는 만큼 실력이 늘지 않아서 힘들어해본 사람들도 마찬가지다. 행복한 사람은 좋아하는 일과 잘하는 일이 일치하는 사람이다.

만일 좋아하는 일과 잘하는 일이 일치하지 않는다면 어떤 선택을 해야 할까? 혹자는 좋아하는 일을 택하면 평생 하루도 일하지 않아도 될 것이라는 말로 좋아하는 일을 해야 한다고 권한다. 스티브 잡스 역시 "위대한 성취를 이루기 위한 유일한 방법은 그 일을 사랑하는 것이다(The only way to do great work is love what you do)"라는 말로 좋아하는 일의 중요성을 강조했다. 좋아하는 일을 자발적으로 하는 것이 인간의 가장 근원적인 욕구인 자율성을 만족시키는 통로이니만큼 크게 공감이 가는 조언들이다.

또 한편, 인간은 유능감을 경험하고자 하는 강렬한 열망을 지니고 있다. 열등감이 얼마나 우리를 괴롭히는지에 관해서는 이미 수많은 연구 증거가 축적되어왔다. 따라서 잘하는 일을 하는 것이 중요하다는 이야기에도 수긍이 간다.

좋아하지도 않고 잘하지도 않더라도 어떤 일이든 있었으면 좋겠다고 말하는 젊은이들에게는 현실성 없는 고민처럼 들리겠지만, 좋아하는 일과 잘하는 일 사이의 선택은 살아가는 동안에 누구나 한 번쯤은 겪게 될 딜레마다. 좋아하는 일과 잘하는 일이 일치하지 않는 이 실존의 비극 앞에서, 행복한 사람들은 어떤 선택을 할까? 이 질문에 답하고자 우리 연구팀은 일련의 연구를 수행했다.[1]

우리 연구팀은 대학생 참가자들에게 어느 일자리를 소개하면서 그 일이 참가자 본인이 좋아하는 일이라고 알려주었다. 그런 후에 본인이 그 일을 얼마나 잘하는지를 아는 것이 얼마나 중요한지를 물었다. 다른 참가자들에게는 그 일이 본인이 좋아하지 않는 일이라고 알려주고, 그 일을 본인이 얼마나 잘하는지를 아는 것이 얼마나 중요한지를 물었다. 흥미롭게도, 두 경우 모두에서 행복감이 낮은 학생들이 행복감이 높은 학생들보다 자신이 그 일을 얼마나 잘하는지를 아는 것이 중요하다고 보고했다. 행복감이 높은 학생들은 그 일을 자신이 좋아하면, 잘하는지 여부는 그렇게까지 중요하지 않다고 생각했다. 반대로 자신이 좋아하지 않는 일이라면 그 일을 자신이 얼마나 잘하는지는 애초부터 별로 중요하지 않다고 응답했다.

　더 흥미로운 결과는 그 일자리가 본인이 잘하지 못하는 일이라고 알려주고, 본인이 그 일을 얼마나 좋아하는지를 아는 것이 자신의 결정에 어느 정도나 중요한지를 물었을 때 나타났다. 행복한 학생들은 자신이 그 일을 좋아하는지 여부가 매우 중요하다고 했지만, 행복감이 낮은 학생들은 자신이 잘하지 못하는 일이라면 그 일을 얼마나 좋아하는지 여부는 중요하지 않다고 보고했다. 행복한 학생들은 설사 자신이 잘하지 못하더라도 그 일을 좋아하는 것이 중요하다고 생각하는 반면, 행복하지 않은 학생들은 잘하지 못하는 일이면 그 일을 좋아하는지 여부는 처음부터 의미가 없다고 생각한다는 점을 시사하는 결과였다.

　우리 연구팀은 여기서 한 걸음 더 들어가보기로 했다. 우리는 사람들이 어떤 활동을 하면서 실제로 경험하는 행복의 정도가 그 일을 좋아하는 정도와 그 일을 잘하는 정도 중 어느 것에 의해서 더 결정되는지를 알아보았다. 하루에 몇 차례씩 연구 참가자들에게 모바일 설문 조사를 실시하여 설문을 받은 그 순간에 하고 있는 일이 무엇인지, 그 일을 얼마나 좋아하는지, 그리고 그 일을 얼마나 잘하는지를 보고하게 했다. 그리고 그 일을 통해 느끼고 있는 즐거움과 의미의 정도를 보고하게 했다.

　분석 결과, 어떤 경험(예를 들어 회의, 대화, 운동 등)을 하고 있는 순간순간의 즐거움과 의미는 그 일을 잘한다고 느끼는 정도보다는 그 일을 좋아한다고 느끼는 정도에 의해서 훨씬 크게 좌우되는 것으로 나타났다. 잘하는지 여부가 행복에 중요하지 않다는 것이 아니라, 좋아하는 일을 한다고 느끼는 것이 상대적으로 더 중요하다는 점을 보여주는 결과다.

　우리는 이 결과의 신뢰도를 높이기 위하여 또 다른 연구를 진행했다. 한 강의를 수강하는 대학생들에게 학기 초에 그 수업을 '좋아해서 듣는 정도'와 '잘할 수 있기 때문에 듣는 정도'를 보고하게 했다. 학기 말에 그 학생들을 다시 조사하여, 그들이 한 학기 수업을 통해 경험한 행복감을 측정했다. 분석 결과, 그 수업을 좋아해서 듣는다고 보고한 학생일수록 수업에서 경험한 행

복감이 큰 것으로 나타났다. 반면에 잘할 수 있어서 수업을 듣는
다고 보고한 정도와 행복감은 별 관계가 없는 것으로 나타났다.
이는 어떤 일을 하면서 경험하는 행복은 그 일을 좋아하는 정도
와 강하게 관련되어 있음을 보여준다.

  좋아하는 일과 잘하는 일은 둘 중 어느 것도 양보할 수 없는
행복의 다이내믹 듀오다. 그럼에도 불구하고 성장, 성적, 성취를
중시해온 우리 사회에서는 좋아하는 일을 하는 것을 사치로 치
부하면서 "사람이 좋아하는 일만 하면서 살 수 없다"는 가르침으
로 우리를 좋아하는 일에서부터 멀어지게 했다. 좋아하는 일을
하고 싶어 하는 사람을 이기적이거나 독특한 사람, 세상 물정 모
르는 사람, 혹은 먹고살 만한 여유가 있는 사람으로 보는 곱지 않
은 시선이 있어왔다. "네 마음의 소리를 들어"라는 조언을 철없
는 젊은이들의 클리셰(cliche) 정도로 폄하하는 시선도 있어왔다.
  그러나 우리는 좋아하는 일을 하는 것에 지금보다 훨씬 더 많
은 관심을 가져야 한다. 좋아하는 일만 하면서 살 수 없다는 '어
른스러운' 조언이 들려올 때, 늘 잘하는 일만 하면서 살 수도 없
다는 주문을 외워야 한다. 왜냐하면 그것이 행복한 사람들이 삶
을 살아가는 비결이기 때문이다.

2. 되어야 하는 나보다 되고 싶은 나를 본다

내 속엔 내가 너무도 많아⋯

〈가시나무〉라는 대중가요의 가사처럼 우리 안에는 다수의 자기가 존재한다. 우리는 볼링공 같은 단 하나의 자기가 아니라, 많은 자기로 이루어진 연합체다. 이 가운데 우리에게 갈등을 유발해서 내적 평화를 깨트리는 자기들이 있다. 이들은 우리의 의식과 무의식을 넘나들며 갈등을 유발할 뿐만 아니라 우리 행동과 정서와 동기를 지배한다. 바로 이상적 자기, 현실 자기, 그리고 당위적 자기다.

심리학자 토리 히긴스(Tory Higgins)에 따르면, 우리의 의식은 이 세 개의 자기 간의 공존과 갈등의 장이다. 한 사람의 내면을 이해한다는 것은 있는 그대로의 현실 자기(actual self), 되고자 열망하는 이상적인 자기(ideal self), 그리고 되어야만 하는 당위적인 자기(ought self) 사이의 괴리와 갈등을 이해하는 것이라고 해도 될 정도로, 이들 사이의 괴리는 개인을 움직이는 핵심 동력이라고 할 수 있다. 그중에서도 특히 현실 자기와 이상적 자기의 괴리, 현실 자기와 당위적 자기의 괴리를 이해하는 것이 중요하다.

그렇다면 행복한 사람들은 이 두 괴리 중 어떤 괴리를 더 중요하게 생각할까? 행복한 사람들은 자기 삶을 전진시키기 위해 이상적 자기라는 엔진을 장착한 사람들일까, 아니면 당위적 자기라는 브레이크를 장착한 사람일까?

우리 연구팀은 이 질문에 답하기 위하여 일련의 연구를 진행했다.[2] 그중 한 연구에서 우리는 참가자들에게 108개의 행동 특성 리스트를 제공하고, 이 중에서 자신이 이상적으로 보유하고 싶은 특성 다섯 가지와 의무적으로 보유해야 한다고 생각하는 특성 다섯 가지를 선택하도록 했다. 선택 항목이 서로 중복되어도 상관없었다. 예를 들어 이상적인 자기의 특성으로 '창의적이다', '외향적이다', '책임감이 있다', '예술적 감각이 뛰어나다', '운동신경이 좋다'를 선택한 참가자가 당위적 자기의 특성으로 '근면하다', '남자답다', '자기 절제를 잘한다', '검소하다' 외에 앞에서 선택한 '창의적이다'를 선택해도 상관없었다.

그런 후에 현재 자신이 각각의 특성을 어느 정도나 보유하고 있는지를 5점 척도에서 평정하게 했다. 이 평정치는 현실적 자기가 이상적 자기와 당위적 자기의 특성을 각각 어느 정도 보유하고 있는지(즉 괴리의 정도)를 나타낸다. 따라서 이 두 가지 괴리 점수와 참가자들의 행복도 사이의 관계를 살펴보면, 어떤 괴리 점수가 행복과 더 강한 관계를 맺고 있는지를 알 수 있다.

우선, 두 괴리 점수 모두 행복과 부적(-) 관계에 있었다. 다시 말해 행복한 사람들일수록 두 괴리 점수가 낮았다. 행복하지 않은 사람들에 비해 행복한 사람들은 되어야 하는 자기와 되고 싶은 자기 모두를 더 충족시키고 있다는 의미다. 그러나 이보다 더 중요한 결과는, 두 괴리 점수가 행복과 맺고 있는 관계의 정도를 서로 비교했을 때 나타났다. 행복은 현실 자기와 당위적 자기의 괴리보다는, 현실 자기와 이상적 자기의 괴리 정도와 훨씬 강한 관계를 맺고 있는 것으로 나타났다. 이 결과는 다른 사람들의 기대에 부응하기 위해 살아가기보다 자신이 원하는 삶을 살아갈 때 행복이 찾아온다는 점을 시사한다.

이상적 자기와 현실 자기의 괴리를 좁히는 것을 중요시하는 사람은 자기가 되고 싶어 하는 모습을 갖추기 위해 노력하는 사람이기 때문에 이상, 비전, 열정, 도전을 중시한다. 반면에 당위적 자기와 현실 자기의 괴리를 좁히는 것을 중요시하는 사람은 마땅히 되어야만 하는 자기가 되기 위해 노력하는 사람이기에 의무, 책임, 예방, 현상 유지를 중시한다. 전자의 괴리를 줄이기 위해 애쓰는 사람은 어떻게 하면 원하는 것을 얻을 수 있을까를 고민하고, 후자의 괴리를 줄이기 위해 애쓰는 사람은 어떻게 하면 실수하지 않을까를 고민한다. 따라서 전자의 사람은 원하는 것을 얻었을 때 기뻐하고 흥분하지만, 후자의 사람은 실수하지 않았을 때 안도감을 느낀다.

행복은 역할, 의무, 책임, 조심, 경계, 현상 유지로 대표되는 당위적 자기의 브레이크보다는 꿈, 비전, 이상, 열망으로 대표되는 이상적 자기라는 엔진을 달고 전진하는 사람에게 찾아올 가능성이 높다.

첼리스트 요요마가 국내 일간지와 한 인터뷰는 이상적인 자기 엔진을 달고 사는 사람의 특성을 잘 보여준다. 요요마는 자신의 인생이 결정적으로 바뀌게 된 터닝 포인트를 이렇게 소개했다.[3]

19세 때 뉴욕에서 독주회를 했다. 완벽하게 연주하고 싶었고 1년을 준비한 무대였다. 아주 잘 준비된 무대였다. 연주가 시작됐고 모든 것이 잘 흘러가고 있었다. 그런데 불현듯 '이건 아주 지루하다'는 생각이 들기 시작했다. 살아 있지 않은 듯한 기분이었다. 이때가 나의 전환점이었다고 본다. 완벽해야 한다는 마음이 문제였던 것이다. 나 자신이 아니라 다른 사람에게 어떻게 들릴까만을 생각했던 것이다. 나는 이때를 '해야 한다(should)'를 '하고 싶다(want to)'로 바꾼 순간으로 부른다. 완벽해야 한다가 아니라 완벽하고 싶다고 생각을 바꾸면 자신의 모든 것을 쏟아부을 수 있다. 이 점을 59세가 아닌 19세에 알게 돼서 얼마나 다행인가!

'Should'를 'Want to'로 바꾼 것, 그것이 자신의 음악 인생을 바꾸었다는 이야기인데, 이는 당위의 브레이크가 지배하는 삶에서 이상의 엔진이 지배하는 삶으로 바뀌었다는 말이기도 하다. 행복한 사람은 당위의 영역을 줄이고 이상의 영역을 넓히는 삶의 기술을 발휘하면서 살아간다.

3. 비교하지 않는다

사회 비교(social comparison)와 사회적 유대(social companion)는 우리를 지탱해주는 두 개의 강력한 욕구다. 우리는 타인과의 비교를 통해 자신의 의견과 행동이 적절한지 적절하지 않은지를 끊임없이 확인한다. 때로는 자기보다 못한 사람과의 비교를 통해 자존감을 회복하기도 한다. 또 한편 우리는 타인과의 유대를 통해 인간의 가장 근본적인 문제인 외로움을 해결한다. 만일 사회 비교와 사회적 유대가 충돌한다면 어떻게 해야 할까? 행복한 사람들은 이런 상황에서 어떤 선택을 할까?

예를 들어보자. 만나면 기분이 좋은 친구(사회적 유대)와 만나면 우월감을 느끼게 해주는 친구(사회 비교) 중, 누구를 만나야 할까? 한 친구는 나보다 똑똑하고 능력도 출중하여 사회적으로 더 성공했지만, 만날 때마다 기분이 좋은 친구다. 비록 열등감을 느낄 때도 있지만, 그 친구와 보내는 시간 속에서 깊은 유대감을 느낀다. 반면에 다른 친구는 냉소적이고 까칠해서 함께하는 시간이 유쾌하지는 않지만, 나보다 똑똑하지도 않고 성공한 편도 아니어서 그 친구를 만나면 우월감을 느낀다. 내 자존심을 회복시켜주는 희생양인 셈이다. 둘 중 한 사람을 만나야 한다면, 행복한 사람들은 누구를 선택할까?

이 질문에 답하기 위해 우리 연구팀은 'Comparison vs. Companion'이라는 대결적 제목을 미리 정하고 일련의 실험을 시작했다.⁴ 한 시나리오에서 참가자들에게 중요한 시험의 가채점 결과 자신의 점수가 60점이었다고 알려주었다. 그리고 두 명의 친구에게서 문자를 받았다고 상상하게 했다. 한 친구는 그 시험에서 90점 맞았다고 하고 다른 친구는 40점 맞았다고 했다. 전자의 친구는 나보다 월등히 높은 점수를 받았고, 후자의 친구는 나보다도 더 형편없는 점수를 받은 것이다. 전자의 친구는 나보다 똑똑하지만 만나면 늘 기분이 좋은 친구이고, 후자의 친구는 만나면 그리 유쾌하지 않은 친구다. 참가자들은 두 친구 중 누구와 더 놀고 싶어 할까? Comparison(비교)이 중요하다면 후자의 친구를, Companion(유대감)이 중요하다면 전자의 친구를 선택할 것이 기대되는 갈등적 상황을 일부러 연출해놓은 것이다.

우리는 실험에 앞서 참가자들의 행복 점수를 미리 측정해두었다. 따라서 우리는 행복한 참가자들이 누구와 더 시간을 보내고 싶어 하는지를 분석할 수 있었다. 유사한 일련의 실험을 반복한 끝에, 우리는 행복한 사람들은 비록 자신보다 높은 점수를 받았더라도 만나면 기분이 좋은, 즉 유대감을 경험할 수 있는 친구를 선호하지만, 행복감이 낮은 사람들은 자신보다 점수가 낮아서 우월감을 느낄 수 있는 친구를 선호한다는 점을 발견했다. 행복한 사람들은 지지와 유대감을 주는 사람들을 선호하고, 행복감이 낮은 사람들은 우월감을 느끼게 해주는 사람들을 선호한다는 점을 시사하는 결과였다.

행복하지 않은 사람들의 트레이드 마크가 타인과의 비교라면, 경제적 수준에 비해 행복감이 낮은 편인 우리나라 사람들 역시 남들과의 비교를 자주하는 것은 아닐까? 한국인의 낮은 행복 지수를 설명할 때마다 단골로 등장하는 이 인기 있는 가설을 검증해보기 위해, 우리는 고려대 심리학과 김학진 교수 연구팀과 공동 연구를 진행했다.[5] 이 연구의 특이점은 비교로 인한 심리적 반응을 측정하기 위해 뇌영상촬영(fMRI) 기법을 사용한 것이다.

한국인의 비교 습관을 분석하기 위해 연구팀은 두 집단의 참가자들을 모집했다. 우선 한국으로 이주한 지 2년 미만인 미국인들을 모집했고, 그들과 교육 수준·가족 관계 등이 유사한 한국인들을 모집했다(두 집단의 성비도 비슷했다). 연구의 주된 관심은 소위 '보상 영역'이라고 불리는 뇌 영역(정확히는 복내측 전전두피질)의 활동이었다. 이 영역은 맛있는 음식을 먹는 것처럼 좋은 일이 생기면 활성화된다. 연구팀은 이 영역이 자기 점수에 의해서 활성화되는 정도와, 자기와 타인의 점수 차이에 의해서 활성화되는 정도를 비교 분석하고자 했다.

연구팀은 참가자들에게 어떤 선택을 하게 한 후 그 선택으로 인해 본인에게 주어지는 점수뿐 아니라 동일한 과제를 한 다른 참가자의 점수도 알려주었다. 자기 점수뿐 아니라 타인의 점수까지 제공한 것이다. 사실 연구팀이 제시한 점수들은 실험 목적에 맞게 조작된 것이었다. 즉 참가자들의 점수는 다른 참가자의 점수보다 낮거나 혹은 높게 조정된 것이었다. 이 모든 절차가 MRI 기계 속에서 진행되었기 때문에 자신과 타인의 점수를 확인한 후의 기분을 참가자들이 '말'로 보고하지 않아도 그들의 뇌에서 일어나는 활동을 촬영하여 확인할 수 있었다.

결과는 매우 놀라웠다. 미국 사람들의 보상 영역은 자신의 점수에 강하게 반응했지만, 한국 사람들의 보상 영역은 다른 사람과의 점수 차이에 강하게 반응하는 것으로 나타났다. 다시 말해 한국 사람들의 보상 영역은 자기 점수가 높더라도 상대의 점수가 더 높으면 미미한 활동을 보였지만, 자기 점수가 낮더라도 상대 점수가 더 낮으면 강한 활동을 보였다. 한국인의 뇌는 불행히도 '비교하는 뇌'였다.

행복하지 않은 사람들의 삶의 기술은 '비교'다. 반면에 행복한 사람들의 삶의 기술은 '관계'다. 행복하지 않은 사람들은 비교 프레임으로 세상을 보고, 행복한 사람들은 관계 프레임으로 세상을 본다.

4. 돈의 힘보다 관계의 힘을 믿는다

다른 사람 카트에 어떤 먹거리가 담겨 있는지 관찰하는 것은 식료품 매장에서 남몰래 맛볼 수 있는 소소한 즐거움이다. 무엇을 해 먹으면 좋을지 막막할 때 힌트를 얻을 수도 있고, 때로는 저런 것도 먹는구나 하는 신기함을 경험할 수도 있다. 명품을 휘두른 여인의 카트에 족발이 담겨져 있을 때는, 역시 사람을 외모로 추측해서는 안 된다는 교훈까지 얻기도 한다. 이렇듯 남의 카트를 관찰하는 행위는 (조금 과장하자면) 취향의 다양성에 대한 인류학적 체험을 제공한다.

마트의 인류학적 체험에서 발견하는 가장 흥미로운 사실은, 사람들의 입맛이 놀라울 정도로 제각각이어서 내 카트에 담겨 있는 것들과 완벽하게 똑같은 것들을 구입한 사람을 지금껏 단한 번도 발견할 수 없었다는 점이다. 만일 그런 사람을 만나게 된다면 너무 반가운 나머지 와락 껴안을지도 모르겠다. 인간의 취향이 원래부터 그렇게 다양한 것이기는 하지만, 그렇다고 모든 취향이 동등하게 존중받을 만한 것은 아니다. 고칼로리 제품이 지나치게 많이 들어 있거나, 야채나 생선이 전혀 없는 누군가의 카트는 별로 부럽지가 않다.

식료 매장 카트의 내용물이 그 사람의 취향과 라이프 스타일의 반영이자 동시에 그 사람의 건강을 예측할 수 있는 중요 단서가 되듯이, 우리의 '경험 카트'도 그렇다. 우리는 인생이라는 매장에서 경험을 쇼핑하는 사람들이다. 시간과 돈을 지불하고 다양한 경험을 카트에 집어넣는다. 식료 매장에서 다른 사람의 카트를 보며 느끼는 감정들을 다른 사람의 경험 카트를 보면서도 느낀다. 따라 해보고 싶은 마음이 생길 때도 있고, 저런 것도 하면서 사는구나라는 신기함을 경험하기도 한다. 경험 카트의 내용물 역시 각자의 취향과 라이프 스타일의 반영이지만, 동시에 그들 삶의 중요한 결과들을 예측하게 하는 단서다.

그렇다면 행복한 사람들은 자신의 경험 카트에 어떤 것들을 담을까? 우리 연구팀은 이 질문에 답하기 위해 행복한 사람들과 행복하지 않은 사람들이 자신의 경험 카트에 넣는 내용물을 비교하는 일련의 연구를 시작했다.

첫 번째로 수행한 연구는, 스트레스를 받은 이후에 경험하고자 하는 경험의 내용들을 비교하는 것이었다. 이는 술 마시고 속이 쓰릴 때 어떤 음식으로 속을 달래는지를 알아보는 것과 비슷하다. 예를 들어 좋은 성적을 받지 못했거나 친구와 다투었거나 혹은 금전적인 손해가 있었을 때, 행복한 사람들과 행복하지 않은 사람들은 어떤 후속 경험을 통해 아픈 속을 달래려고 할까? 행복한 사람이 경험 카트에 집어넣는 경험의 내용은 행복하지 않은 사람이 집어넣는 경험의 내용과 어떻게 다를까?

일련의 연구에서 우리가 발견한 사실은 행복한 사람들은 '좋은 사람과 보내는 시간'을 자신의 카트에 집중적으로 쓸어 담지만, 행복하지 않은 사람들은 '금전적 이득'을 주로 담는다는 것이었다.[6] 한마디로 행복한 사람들은 친밀한 사람들이 주는 위로를, 행복감이 낮은 사람들은 돈이 주는 위로를 찾았다. 행복감이 낮은 사람들은 친구와의 저녁 식사보다는 길에서 우연히 돈을 줍는 것을 선호했다. 금전적 이득으로 스트레스를 해결하려는 것은 마치 술로 쓰린 배를 다시 술로 달래려는 것과 같다. 이 패턴이 만성화되어 있는 사람을 우리는 물질주의자라고 부른다.

우리 연구팀은 물질주의자의 하루를 해부해보려는 또 다른 연구를 수행했다.[7] 참가자들에게 하루에 세 번씩 랜덤하게 문자를 보내, 문자를 받은 순간에 하고 있는 활동이 무엇인지 그리고 함께 있는 사람이 누구인지를 보고하게 했다. 연구를 시작하면서 우리는 각 참가자의 물질주의 정도를 미리 측정해두었다.

결과는 예상대로였지만 여전히 놀라웠다. 물질주의자들은 TV 보는 시간과 쇼핑하는 시간이 많았다. 반면 책을 읽거나 봉사하는 시간은 적었다. 결정적으로 그들이 사람들과 보내는 시간은 비물질주의자들에 비해 절대적으로 적었다. 물질주의자와 비물질주의자의 카트 내용이 이토록 달랐기 때문에, 물질주의자가 일상에서 경험하는 삶의 재미와 의미 그리고 활력은 비물질주의자에 비해 현저하게 낮은 것으로 밝혀졌다.

연구에 재미를 더하기 위해 우리 연구팀은 장난기가 가미된 아주 간단한 연구 하나를 진행했다.[8] 우리는 서울대학교 학생들에게 이성 친구와 1주년 기념으로 2박 3일 제주도 여행이 예정되어 있다고 가정하게 하고, 얼마를 받으면 안 갈 수 있는지를 물었다. 이 외에도 친밀한 사람과의 다양한 활동을 가정하게 하고, 각 활동을 포기할 수 있는 액수를 물었다. 예를 들어 크리스마스이브에 이성 친구와 콘서트 가기, 주말에 가족과 영화 보기 등의 일을 포기하는 대가로 얼마를 받고 싶은지를 물은 것이다. 가족, 친구, 연인 등 행복에 중요한 사람들과 보내는 시간을 돈으로 환산해보게 한 것이다.

결과는 예상보다 더 충격적이었다. 행복감이 상위 50퍼센트인 학생들은 이성 친구와 2박 3일 제주도 여행을 포기하기 위해서 무려 약 1천 600만 원은 받아야 한다고 응답했지만, 행복감 하위 50퍼센트인 학생들은 350만 원이면 충분하다고 답했다.

크리스마스이브 콘서트를 포기하기 위해서 하위 50퍼센트 학생들은 40만 원 정도면 된다고 응답했으나, 행복감 상위 50퍼센트 학생들은 무려 600만 원을 받아야 한다고 응답했다. 얼핏 생각하면 행복한 사람들이 더 탐욕적이라고 보일 수도 있으나, 실은 그들이 친밀한 사람과의 관계에 매우 큰 가치를 부여하고 있음을 알려주는 결과다.

관계를 추구할 것인가?
돈을 추구할 것인가?

개인적 취향이라고 치부해버릴 문제가 아니다. 술을 술로 풀면 해롭듯이, 힘든 삶을 물질과 돈으로 푸는 것은 해롭다. 행복한 사람들의 경험 카트를 유심히 훔쳐보고, 그들이 담는 것을 따라 담을 필요가 있다.

5. 소유보다 경험을 산다

'이스털린 역설(The Easterline Paradox)'에 대한 반박과 재반박의 연속을 통해 행복과 돈의 관계는 이제 비교적 명확해졌다. 이스털린 역설이란 돈과 행복의 관계가 일관되지 않고 서로 모순되는 패턴을 보인다는 사실을 밝힌 경제학자 리처드 이스털린(Richard A. Easterlin)의 주장이다. 이스털린은 한 사회 내에서 부자가 가난한 사람보다 행복한 것은 맞지만, 한 사회의 부가 일정 기간 동안 증가하더라도 그 사회 전체의 행복 수준이 그와 비례해서 증가하지는 않는 역설적인 패턴을 발견했다. 돈이 행복의 원인이라면 개인차뿐 아니라 시간상의 변화 패턴도 보여야 함에도 불구하고, 전자의 현상은 분명하지만 후자의 현상은 지지되지 않는 패턴을 보이기 때문에 '역설'이라고 부른 것이다.

그러나 이스털린이 이 이론을 발표한 1974년 이후 더 광범위한 데이터가 축적되면서 이스털린의 역설은 더 이상 '역설'이 아닌 것으로 밝혀졌다. 사회의 부의 증가가 국민의 행복 증가로 이어지는 것은 맞지만, 그 정도를 결정하는 몇 가지 변수가 존재함이 밝혀진 것이다.

국가적 수준의 변수로는 소득 불평등이 대표적이다. 시게히로 오이시(Shigehiro Oishi) 등의 연구에 따르면 다음의 그래프에서 확인할 수 있듯이 소득 불평등이 심할수록, 즉 지니계수가 클수록 소득 증가와 국민 행복 증가 사이의 관계는 약해진다.[9] 이는 일정 기간 한 사회의 부가 증가하더라도 그 부가 일부 개인에게만 집중된다면, 소득 증가의 행복 효과가 대다수 사람에게는 강하게 나타나지 않을 수 있음을 의미한다.

또한 한 가계의 총소득보다 총처분가능소득(이자나 세금처럼 의무적으로 지출해야 하는 돈을 제외하고 자유롭게 소비·저축할 수 있는 소득)의 증가가 행복 증가와 더 관련이 있는 것으로 나타났다. 수입이 늘더라도 대출이자와 세금이 늘게 되면, 가정이 실제로 쓸 수 있는 돈은 크게 늘지 않을 수 있다. 흔히 "살림살이 좀 나아지셨습니까?"라고 말할 때의 살림살이는 한 가계의 총소득이 아니라 총처분가능소득을 뜻한다. 따라서 돈과 행복의 관계를 논할 때 일정 기간 소득 자체가 늘어난 것만 볼 것이 아니라, 실제로 쓸 수 있는 소득, 즉 총처분가능소득이 증가했는지도 살펴볼 필요가 있다. 자유롭게 사용 가능한 소득이 늘어나면 돈과 행복의 관계는 뚜렷해진다. 참고로 우리나라는 2015년 기준 가계 1인당 실질 총처분가능소득이 1천 800만 원가량으로 조사돼, 비교 대상인 OECD 소속 29개국 중 19위인 중하위권으로 나타났다.[10]

소득 불균형과 가계 총처분가능소득이라는 변수는 개인적 변수가 아니라 국가의 구조적 변수다. 따라서 소득의 증가가 행복의 증가로 잘 이어지지 않는 이유는 돈 자체의 효과가 없기 때문이라기보다는, 우리가 살고 있는 사회의 구조적 특징 때문이라고 할 수 있다.

한편, 소득의 증가가 행복의 증가로 잘 연결되지 않는 현상을 설명하는 개인 수준의 변수들도 존재한다. 대표적인 변수가 개인의 소비 행태다. 우리의 소비는 소유물을 사는 소비와 경험을

〈지니계수와 국민 행복 - 국민 소득 관계의 상관성〉

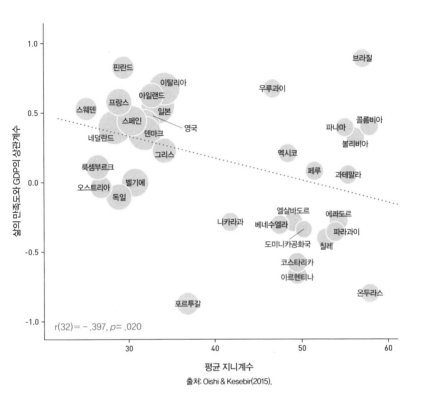

출처: Oishi & Kesebir(2015).

사는 소비로 크게 구분될 수 있다. 소유를 위한 소비란, 소비의 결과물로 물건(thing)이 생기는 소비를 의미한다. 옷, 자동차, 시계, 집과 같은 물건을 사는 소비다. 반면에 경험을 위한 소비란, 소비의 결과물로 물건이 생기는 것이 아니라 경험(experience)과 추억(memories)이 생기는 소비를 지칭한다. 여행, 뮤지컬 관람, 영화 관람, 스포츠 활동 등이 해당한다.

물론 소유를 위한 소비와 경험을 위한 소비가 늘 분명하게 구분되는 것은 아니다. 예를 들어 음악 CD를 사는 것은 CD라는 물건을 사는 소비이면서, 동시에 거기에 담긴 음악을 듣는 경험을 사는 소비이기도 하다. 그럼에도 불구하고, 사람들은 소유 소비와 경험 소비를 구분하는 데 큰 어려움을 겪지는 않는다.

소비를 소유와 경험으로 구분한 후에 각각의 소비가 행복에 미치는 영향을 비교한 다수 연구에 따르면, 소유 소비보다는 경험 소비가 행복에 미치는 힘이 단연코 크다. 소득이 늘어나는 것에 비례해서 행복이 늘어나지 않는 이유 중 하나는 사람들이 늘어난 소득으로 행복에 큰 도움이 되는 경험을 사는 데는 인색하고, 행복에 큰 도움이 되지 않는 소유를 늘리는 데 집중하기 때문이다.[11]

한편 경험을 사지 않고도 경험 소비에 의한 행복을 누릴 수 있는, 역설적이지만 효과적인 방법이 있다. 소유물을 보는 프레임을 바꾸는 것이다. 이미 언급했듯이 소유를 위한 소비인지, 경험을 위한 소비인지 구분하기 어려운 경우가 있다. 그러나 이 애매함은 프레임이 작동할 기회를 제공한다. 책장이라는 물건을 사면서 '지식을 저장하는 경험'을 산다고 의도적으로 프레임할 수도 있고, 명품을 사면서 '독특한 디자인을 경험'하는 행위라고 프레임할 수도 있다. 우리 연구팀은 소유물을 경험으로 프레임화하는 작업이 경험을 사는 것만큼의 행복 효과가 있다는 것을 발견했다.[12]

　행복한 사람은 소유보다는 경험을 사는 사람이다. 소유를 사더라도 그 소유가 제공하는 경험을 얻으려고 하는 사람이다. 반대로 행복하지 않은 사람은 경험보다는 소유를 사는 사람이다. 심지어 경험을 하면서도 그 경험을 소유화, 혹은 물화(thingify)해버리는 사람이다.

　사는(buy) 것이 달라지면 사는(live) 것도 달라진다. 행복한 사람들이 다르게 사는(live) 이유는 사는(buy) 것이 다르기 때문이다.

6. 돈으로 이야깃거리를 산다

경험의 삶이 곧 무소유의 삶이다. 무소유의 삶을 동경하면서도 그런 삶은 고승(高僧)이나 살 수 있는 것이라고 체념하며 살아왔다면, 경험의 삶으로 목표를 바꿔볼 필요가 있다. 소유하지 않는 삶이 행복할 수 있는 이유는 소유에 대한 욕망을 삶에 대한 경험과 관찰로 대체하기 때문이다. 경험하기 위한 소유, 관찰하기 위한 소유, 시간을 사기 위한 소유로 프레임하기 시작하면 소유가 사라지기 시작한다. 소유하고 있으면서도 소유에 얽매이지 않는 무소유의 삶이 가능해지는 것이다.

소유와 경험의 차이에 대한 연구에 천착해온 코넬 대학의 토머스 길로비치(Tomas Gilovich) 교수 연구팀에 따르면, 경험이 무소유의 삶을 가능하게 하는 몇 가지 이유가 있다.

첫째, 소유물은 비교를 불러일으키지만 경험은 비교를 유발하지 않는다. 소유는 본질적으로 '물건(thing)'이기 때문에 비교가 쉽게 일어난다. 아파트의 평수, 자동차의 배기량, 옷의 브랜드 등 물건의 가치는 쉽게 숫자화될 수 있어서 비교가 용이하다. 소유가 유발하는 비교는 남들과의 비교에만 국한되지 않는다. 물건을 구매한 후에도 자신보다 더 싸게 산 사람은 없는지, 더 싸게 파는 곳은 없었는지, 더 싸게 살 수 있는 시기를 놓친 것은 아닌지 등 전방위적인 비교가 발생한다. 최적의 물건을 최적의 시기에 최적의 가격으로 구매해야 한다는 이런 강박적인 소비 성향을 심리학자 베리 슈워츠(Berry Schwartz)는 '극대화(maximizing)'라고 부르고, 극대화 성향이 강할수록 행복감이 떨어진다는 연구 결과를 발표했다.[13]

이와는 반대로 경험은 본질상 실체가 존재하지 않는 주관적인 것이기 때문에 비교가 쉽지 않다. 추운 날 따뜻한 물로 샤워를 하면서 '옆집 물은 더 따뜻할 텐데'라고 비교하는 사람은 드물다. 영혼을 움직이는 도끼 같은 문장을 발견하고 '내 친구는 더 좋은 문장을 발견했을 텐데'라고 불안해하는 사람도 드물다. 소유와 달리 경험은 '지금 여기'의 심리 상태를 강하게 유발하기 때문에 경험하는 그 순간에 몰입하게 만든다.

경험은 우리를 비교로부터 자유롭게 한다. 경험의 삶이 곧 무소유의 삶인 이유는 무소유의 본질이 소유가 유발하는 비교로부터의 자유이기 때문이다. 소유를 모두 버려야 한다는 두려움 때문에 무소유의 삶이 부담스러운 우리에게 경험의 삶은 아주 좋은 대안이다.

둘째, 경험은 우리의 정체성을 구축한다. 우리가 보유한 소유물들은 우리가 누구인지를 알려주지 못한다. 소유물들이 우리의 취미나 선호, 그리고 성격을 알려주는 단서가 되기는 하지만, 우리 내면의 심층까지는 알려주지 못한다. 우리가 누구인지를 알기 위해서는 우리의 경험 목록을 보아야 한다. 경험은 우리의 의식과 철학과 가치를 구성한다. 진정한 행복이란 진정한 자기(authentic self)를 만나는 경험이며, 진정한 자기와의 조우는 경험을 통해 이루어진다. 무소유의 삶은 진정한 자기를 만나는 삶이다. 행복한 사람은 자신의 소유 리스트를 늘리는 사람이 아니라, 자신의 경험 이력서(experiential CV)를 빼곡하게 채워나가는 사람이다.

셋째, 경험은 이야깃거리를 제공한다. 소유가 대화의 주제가 되면 그 대화는 불편해지기 시작한다. 소유는 비교를 유발하기 때문에 소유에 대한 대화는 관계를 위협한다. 사람들 사이에 '내 것을 자랑하지 않는다'는 암묵적인 규칙이 존재하는 이유이자 그 규칙을 어기는 사람을 '속물'이라고 부르는 이유이다. 반면에, 경험에 관한 대화는 즐거움을 창출한다. 행복에 관한 연구들은 경험을 나누는 '수다', 특히 좋은 사람들과 맛있는 것을 먹으며 경험을 나누는 수다가 최고의 행복이라는 점을 반복적으로 보여준다.

돈으로 경험을 산다는 것은 결국 돈으로 이야깃거리를 산다는 것이다. 이야깃거리는 관계를 전제로 하기 때문에, 경험이 제공하는 이야깃거리는 관계를 강화시킨다. 우리는 함께 경험하기를 원한다. 설사 혼자서 한 경험이라도 수다를 통해 그 경험을 나누기를 원한다. 친구와 함께 백화점에 간 경우에 사려는 물건이 서로 다르면 헤어져서 각자 쇼핑한 후에 만나기도 한다. 그러나 등산을 함께 간 친구들이 서로 좋아하는 봉우리가 다르다는 이유로 헤어져서 각기 다른 봉우리를 등산하고 내려와 만나는 경우는 드물다. 경험은 소유보다 훨씬 더 관계 지향적이다.

행복하지 않은 사람은 소유의 영역에서 살면서 비교하지 않으려고 결심만 한다. 행복한 사람은 애초부터 비교가 일어나지 않는 경험의 영역에서 살아간다. 행복하지 않은 사람은 소유를 늘려 타인을 위협하지만, 행복한 사람은 경험을 늘려 관계를 강화한다. 행복하지 않은 사람은 소유를 통해 정체성 결핍을 은폐하지만, 행복한 사람은 경험을 통해 정체성을 구축한다. 결정적으로, 행복한 사람은 돈으로 경험을 사서 삶의 이야깃거리를 만들어낸다. 그들은 장식거리보다는 이야깃거리가 우리를 훨씬 더 행복하게 한다는 점을 잘 알고 있다.

7. 돈으로 시간을 산다

돈으로 살 수 없는 것들은 인간의 땀과 눈물로, 자연의 섭리와 선물로, 때로는 신의 은총으로 구해야 한다. 그러나 돈으로 살 수 있는 것들은 그야말로 돈으로 사야 한다. 돈으로 살 수 없는 것들을 돈으로 살 수 있다고 믿는 물질만능주의도 경계해야 하지만, 돈으로 살 수 있는 것들을 인내로 견디려는 우직함도 마냥 칭송해서는 안 된다. 좋은 물건이 나왔다며 각종 상품, 주식, 땅, 아파트를 권하는 사람들이 있지만 정작 돈으로 사야 할 것은 따로 있다.

돈으로 시간을 사야 한다. 부의 증가는 행복한 삶을 살 수 있는 기회와 자원을 크게 늘렸지만, 가장 중요한 자원 하나를 고갈시켰다. 바로 시간이다. 시간 빈곤은 인류가 경험하기 시작한 새로운 형태의 가난이다. 물질적 풍요는 경이로운 수준으로 증가해왔다. 한마디로 좋은 물건들이 넘쳐나는 세상이 되었다. 그러나 그만큼 사람들이 더 많은 행복을 경험하지 못하는 이유는 시간이 없어졌기 때문이다. 모두가 바쁘다는 말을 입에 달고 산다. "바쁘시죠?"라는 말이 습관적 인사가 되었고, "시간이 없다"는 말은 게으름에 대한 가장 설득력 있는 변명이 되었다.

시간은 본질상 유한한 자원이기 때문에, 돈을 버는 데 쓰는 시간이 늘어난다는 것은 다른 활동을 하는 데 쓸 수 있는 시간이 줄어든다는 것을 의미한다. 서울대 행복연구센터의 연구에 따르면 우리를 가장 행복하게 하는 활동에는 여행, 운동, 수다, 걷기, 먹기, 명상 등이 포함된다.[14] 우리가 비록 과거에 비해 훨씬 부유해졌을지는 몰라도 행복을 가져오는 이런 활동에 보내는 시간이 줄어들었다.

이뿐 아니라, 행복에 가장 중요한 관계적 자원인 가족이나 친구와 보내는 시간도 크게 줄었다. 대신 회사 동료나 거래처 사람과 보내는 시간이 늘었으며, 출퇴근 시간의 증가로 인해 지하철과 버스에서 낯선 이들과 보내는 시간이 늘었다. 결국 부의 증가는 행복을 살 수 있는 기회와 자원을 대폭 늘려주었지만, 동시에 행복을 경험할 수 있는 시간의 결핍을 가져왔다. 부의 증가가 행복의 증가로 잘 연결되지 않는 이유다.

돈으로 시간을 사야 한다. 어쩔 수 없이 해야만 하는, 유쾌하지도 않고 의미도 느낄 수 없는 일들을 아웃소싱해야 한다. 한마디로 '비서'를 두는 것이다. 여기서 비서란 높은 자리에 있는 분들이나 부자들만 채용하는 특정 직업군을 의미하는 것이 아니다. 자신의 시간을 아껴줄 수 있는 사람이나 서비스 전체를 뜻한다. 자신이 정말 하고 싶은 일들에 집중할 수 있는 시간을 최대한 많이 확보해야 한다.

최근 하버드 대학과 캐나다 브리티시컬럼비아 대학 연구팀이 발표한 연구에 따르면, 시간을 벌어주는 데 돈을 많이 쓰는 사람들이 그렇지 않은 사람들에 비해 더 행복한 것으로 나타났다.[15] 예를 들어 가사의 부담을 덜기 위해 가끔 가사도우미를 쓰거나 운전하는 시간을 절약하기 위해 대리운전을 이용하는 등, 자신에게 시간을 벌어주기 위해 돈을 쓰는 것이 행복한 사람의 특징으로 밝혀진 것이다. 이는 소득 수준과 상관이 없었다. 다시 말해 부자가 가난한 사람보다 이런 소비를 더 많이 할 수는 있지만, 시간을 벌어주는 소비가 주는 효과는 소득 수준과 무관했다. 부자들 중에서도 시간을 사는 소비를 하는 부자가 그렇지 않은 부자보다 행복했고, 서민들 중에서도 시간을 벌어주는 소비를 하는 사람이 그렇지 않은 사람보다 더 행복했다는 의미다. 알뜰하게 사는 것은 소중한 미덕이다. 그러나 시간의 결핍을 줄이려는 노력도 매우 가치 있는 일이다.

돈으로 시간을 사기 위해서는 돈보다 시간을 소중하게 여기는 마음이 먼저 필요하다. 시간을 중시하지 않는다면 돈을 써가며 시간을 벌려는 노력을 처음부터 하지 않을 것이기 때문이다. 돈과 시간 둘 다 한정된 자원이며, 많은 경우 서로 경쟁 관계에 놓이게 된다. 시간을 절약하기 위해 직항편 비행기 표를 사는 것은 경유하는 비행기 표를 사는 것보다 돈이 많이 든다. 많은 보수를 주는 직업을 택하는 것은 많은 시간을 회사에서 보내야 함을 의미한다. 이처럼 돈을 택하면 시간에서 손해가 발생하고, 시간을 택하면 돈에서 손해가 발생하는 갈등적 상황이 흔하게 발생한다. 이런 상황에서 시간을 선택할 것인가 돈을 선택할 것인가? 행복한 사람들은 어느 쪽을 택할까?

이 질문에 답하기 위해 UCLA 연구팀이 일련의 연구를 수행했다.[16] 연구팀은 참가자들에게 돈과 시간 중 무엇을 더 원하는지를 물었다. 또한 이들의 행복감도 측정했다. 분석 결과, 평균적으로 사람들은 시간보다는 돈을 더 원하는 것으로 나타났다. 그러나 시간을 선택한 사람들이 돈을 선택한 사람들보다 행복감이 높게 나타났다!

시간을 선택한 사람들의 행복감이 높은 이유가 그들은 이미 돈이 충분하기 때문이라는 반론도 가능하다. 연구자들은 이 반론에 대비해 참가자들의 수입을 측정하고, 시간을 선택한 사람들과 그들의 행복감 사이에 경제적 요인이 작용하는지를 분석했다. 결과는 그 반론이 사실이 아님을 보여주었다. 다시 말해 행복한 사람들은 돈을 많이 가지고 있기 때문이 아니라 시간 자체를 중시하는 태도를 가지고 있기에, 돈보다 시간을 선택한 것이었다.

지금껏 우리는 '시간은 돈이다(Time is money)'라는 가르침에 따라 시간을 아껴가며 돈을 버는 데 주력했다. 이제는 '돈이 시간이다(Money is time)'라는 새로운 가르침을 받아들여야 한다. 돈으로 시간을 사는 데 주력해야 한다. 알고 보니, 행복한 사람들은 이미 그런 삶을 살고 있었다.

8. 걷고 명상하고 여행한다

행복한 사람들은 불행한 일을 당하고도 행복을 느낄 수 있는 마음의 기술만을 발휘하는 사람들이 아니다. 그들은 애초부터 행복한 활동들을 자주 하는 사람들이다. 행복한 사람들이 행복한 활동을 애초부터 자주 하는 환경주의자라는 점을 증명하기 위해서는, 먼저 무엇이 행복한 활동이고 무엇이 불행한 활동인지를 구분해야 한다.

이를 위해 우리 연구팀은 소위 경험 표집법(experience sampling method)이라는 방법을 사용하여 일상의 많은 경험이 주는 행복감을 측정하고자 했다.[17] 우리는 연구 참가자들에게 하루에 일정 횟수씩 설문 문항들이 담겨진 사이트로 이동하는 링크를 스마트폰으로 전달했다. 참가자들은 그 사이트에 접속하여 그 순간에 하고 있는 경험들과 그 순간에 같이 있는 사람들이 누구인지를 보고했다. 참가자들의 행복을 측정하기 위해서 두 가지 질문이 제공되었다. 하나는 그 순간의 즐거움에 관한 것, 다른 하나는 그 순간에 경험하는 의미에 관한 것이었다. 이 절차를 짧게는 2주, 길게는 4주를 진행하여 한국 사람들이 일상에서 하는 경험들의 행복 칼로리표를 만들어낼 수 있었다.

다음 그래프에서 X축은 의미, Y축은 즐거움을 나타내기 때문에 1사분면은 즐거움과 의미가 상대적으로 강한 활동들, 2사분면은 즐거움은 강하나 의미는 약한 활동들, 3사분면은 즐거움과 의미가 모두 약한 활동들, 4사분면은 즐거움은 약하나 의미는 강한 활동들이라고 보면 된다.

이 그래프에 따르면 행복을 추구하는 길은 3사분면 활동들을 최소화하고, 1사분면 활동들을 최대화하는 것이다. 1사분면 활동들 중 가장 눈길을 끄는 것이 여행이다. 여행하는 도중에 보고한 즐거움과 의미가 다른 어떤 경험 도중에 보고한 즐거움과 의

〈행복 칼로리표〉

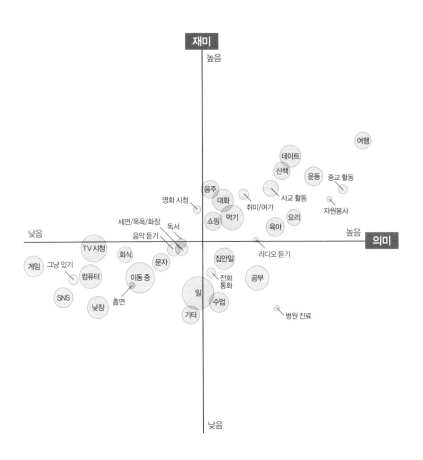

• 출처: Choi & Catapano & Choi(2017).

미보다 강했다. '행복한 삶이란 여행을 자주하는 삶이다'라고 선언해도 될 정도다.

여행이 큰 행복을 주는 첫 번째 이유를 이 그래프에서 추측해보자면, 우선 일을 하지 않기 때문이다. 3사분면의 가장 바닥에 있는 경험이 '일'임을 보라. 두 번째 이유는 여행은 1사분면에 존재하는 다른 많은 경험, 특히 먹고 수다 떨고 걷고 노는 행위가 한꺼번에 일어나는 활동이기 때문이다. 여행은 행복 종합 선물 세트라고 할 수 있다. 세 번째이자 가장 근본적인 이유는 여행은 행복에 가장 중요한 기본 욕구들(유능감, 자율성, 관계)이 극대화되는 기회를 제공하기 때문이다.

여행은 스스로 원해서 하는 자발적 행위이고, 업무와 달리 성과가 평가되지 않기 때문에 유능감에 대한 위협이 적으며, 대개 가족이나 친구와 함께하는 관계재(relational goods)이기 때문에 관계를 강화해준다. 여행을 계획하는 단계에서부터 행복은 극대화된다. 일정, 숙소, 볼거리, 먹거리를 찾고 기획하는 일을 통해 자율성, 유능감, 그리고 관계의 유대감이 충족되기 시작한다.

1사분면 활동들 중 운동도 빼놓을 수 없다. 운동은 몸의 건강뿐 아니라 즐거움과 의미를 제공해주는 효자 종목이다. 또 눈여겨볼 활동은 걷기다. 걷고 있을 때는 TV를 보거나 인터넷 서핑을 할 때보다 훨씬 큰 즐거움과 의미를 경험하는 것으로 나타났다. 걷는 것이 행복이라는 것을 알게 된 사람들이 최근에 폭발적으로 늘어났다. 걷기는 이제 단순한 이동의 수단을 넘어서서, 재미와 의미를 추구하기 위한 최고의 도구로 격상되었다.

여행, 걷기, 운동, 먹기, 수다 등과 같은 동적이고 감각적인 활동들만 1사분면에 존재하는 것은 아니다. 여기에는 명상, 종교 활동, 자원봉사와 같은 정신적이고 영적이며 타인을 지향하는 활동도 다수 포함되어 있다. 이미 많은 연구에서 행복한 사람들이 1사분면 활동들을 더 많이 한다는 사실이 밝혀졌다. 행복한 사람들은 행복한 경험을 제공해주는 활동들을 애초부터 많이 하는 사람들이다. 행복한 사람들은 불행한 일을 하면서도 행복한 마음을 유지하는 마음의 기술을 부리는 사람들이 아니라, 애초부터 행복한 경험들을 많이 하려는 사람들이다.

9. 소소한 즐거움을 자주 발견한다

유도 경기에는 한동안 이해하기 어려운 채점 방식이 있었다. '효과'는 아무리 많아도 '유효' 하나를 이길 수 없고 '유효'는 아무리 많아도 '절반' 하나를 이길 수 없었다. "천 리 길도 한 걸음부터", "낙숫물이 댓돌을 뚫는다"와 같은 표현을 믿는 사람들에게는 받아들이기 힘든 대박 중심의 채점 방식이었다. 다행히 '효과'는

2008년 후로 폐지되었다. 그런데 이와 비슷한 대박 논리가 올림픽 국가 순위를 정하는 방법에서도 발견된다.

국제올림픽위원회는 원칙적으로 국가 순위를 발표하지 않기 때문에 올림픽 국가 순위 집계 방식은 국가별로 다르다. 미국(특히 미국 NBC 방송)은 메달의 색깔을 차별하지 않고 모든 메달의 수를 종합하여 국가 순위를 매긴다. 그러나 우리나라와 중국을 비롯한 다른 많은 나라는 금메달 개수로 순위를 정한다. 금메달 개수가 같을 때만 은메달, 그다음에 동메달 수를 따진다.

미국식 집계 방법에 따르면 2008년 베이징 올림픽에서 미국이 총 110개의 메달로 1위, 중국이 100개로 2위다. 그러나 우리나라와 중국의 방법에 따르면 중국이 금메달 51개로 1위, 미국이 36개로 2위다. 우리나라의 순위도 어떤 방법을 따르느냐에 따라 큰 차이가 난다. 우리나라의 집계 방법에 따르면 우리는 금메달 열세 개로 7위지만, 미국식 집계에 따르면 우리보다 금메달이 여덟 개나 적은 프랑스가 총 메달 40개로 31개인 우리를 제치고 6위가 된다.

2018년 평창 동계 올림픽의 경우에는 우리나라 순위가 금메달 위주의 방법으로는 7위, 총 메달 수로는 6위다. 어떤 집계 방법을 택하는지는 순위에 따른 기분과만 관련 있는 것이 아니라, 각 국가가 종목들을 지원하는 행태와도 관련이 있다. 금메달을 중시하는 나라에서는 국가의 지원과 관심이 금메달 유망 종목에 집중되기에 결국 승자 독식 현상이 일어난다. 그러나 총 메달 수로 올림픽 순위를 정하는 국가는 비교적 여러 종목을 골고루 지원한다. 다시 말해 그런 국가는 금메달 위주의 대박 논리에서 벗어나 있다.

유도 채점 방법과 올림픽 국가 순위 방식에 관심을 갖게 된 것은 「행복은 긍정 정서 대 부정 정서의 강도가 아니라 빈도에 달려 있다(Happiness is the Frequency, Not the Intensity, of Positive Versus Negative Affect)」라는 논문 때문이었다.[18] 아무리 강한 자극이라도 시간이 지나면 사람들은 그 자극에 적응하기 때문에 그로 인한 행복 혹은 불행은 오래 지속되지 않는다(물론 2장에서 언급했듯이 실업, 이혼, 장애와 같은 사건들은 예외다). 따라서 어쩌다 한 번 강한 자극을 경험하는 것보다는 소소한 즐거움이라도 자주 경험하는 것이 행복에 유리하다.

만일 이 행복 원리가 사실이라면, 행복한 사람들은 금메달 수 보다 총 메달 수를 중시하는 집계 방법을 더 선호할 것이라는 가설이 가능해진다. 우리 연구팀은 이 가설을 검증해보기 위해 연구를 수행했다.[19]

참가자들에게 올림픽 국가 순위를 정하는 두 가지 방법 중 어느 쪽을 더 선호하는지를 물었다. 우리의 예상대로, 행복감이 높은 사람들이 낮은 사람들보다 총 메달 수에 따른 순위를 더 선호했다. 더 흥미로운 점은 "금메달 하나는 은메달 몇 개에 해당

할까"라는 질문에 대한 답에서 나타났다. 행복한 사람들은 평균 2.5개라고 답했지만, 행복감이 낮은 사람들은 평균 6개라고 답했다. 행복감이 낮은 사람들에게 금메달은 은메달로 쉽게 상쇄되기 어려운 대박인 것이다. 이 결과는 행복한 사람은 작은 것도 크게 보지만, 행복감이 낮은 사람은 큰 것만 크게 본다는 점을 시사한다.

작은 것도 귀하게 여기는 행복한 사람들의 삶의 기술을 '음미하기(savoring)'라고 한다. 음미하기란 소소한 현재의 즐거움을 만끽하는 마음의 습관을 의미한다. 무라카미 하루키의 수필 「랑게르한스 섬의 오후(ランゲルハンス島の午後)」가 유명해지면서 우리 사회에서 자주 인용되기 시작한 소확행(小確幸, 작지만 확실한 행복)이라는 단어는 이 음미하기의 중요성을 환기시킨다. 갓 구운 빵을 손으로 찢어 먹는 것, 서랍 안에 반듯하게 접어 돌돌 만 속옷이 잔뜩 쌓여 있는 것, 정결한 면 냄새가 풍기는 하얀 셔츠를 머리에서부터 뒤집어쓸 때의 기분, 겨울밤 부스럭 소리를 내며 이불 속으로 들어오는 고양이의 감촉 등 소소하게 음미할 것들은 이처럼 우리 일상 곳곳에 있다.

행복한 사람들은 소소한 즐거움들을 더 자주 경험하려고 일상을 재구성하는 사람들이다. 소확행이라는 말이 유행하기 이전부터 이미 소확행의 삶을 살고 있었던 사람들이다.

10. 비움으로 채운다

자신이 감당할 수 없는 상황으로 인해 극심한 스트레스를 경험하고 있을 때, 우리는 '압도당하다(overwhelmed)'라는 표현을 쓴다. 질식할 것 같다는 표현과 같은 의미다. 이 단어는 긍정적인 의미로도 사용한다. 예상을 훌쩍 뛰어넘는 좋은 일들, 기대를 넘어선 칭찬과 선물처럼 좋은 일들이 가득할 때도 우리는 이런 표현을 쓴다. 이때는 과분하다는 뜻이다.

  미국의 기자이자 작가인 브리짓 슐트(Brigid Schulte)가 현대인의 삶을 기술한 책의 제목이 'Overwhelmed'[20]이며, 이 책의 한국어판은 『타임 푸어』라는 제목으로 출간되었다. 이 책에서 슐트는 현대인의 가장 큰 고통 중 하나로 중요한 일에 충분한 시간을 낼 수 없는 시간 빈곤 문제를 제기한다. 슐트는 한 걸음 더 나아가 일상에서 해결해야 할 일들에 시간을 쪼개서 쓰다 보니, 소위 시간 파편(time confetti)들만 넘쳐나게 되었음을 지적한다. 'confetti'란 축하할 일이 있을 때 공중에 뿌리는 종이 꽃가루 조각들을 의미한다. 이 일 하는 데 찔끔, 저 일 하는 데 찔끔 하는 식으로 시간을 쪼개 쓰다 보니, 정작 굿 라이프의 중요한 영역이라고 심리학자 에릭 에릭슨(Erik Erickson)이 주장한 일, 사랑, 놀이에 쓸 수 있는 시간이 턱없이 부족하게 되었다는 것이 슐트의 주장이다.

행복한 사람들은 시간 빈곤을 해결하기 위해 돈으로 시간을 산다는 점을 이미 소개한 바 있으나, 이들이 사용하는 또 다른 삶의 기술을 눈여겨볼 필요가 있다. 사람들은 시간이 없기 때문에 시간을 낼 수 없다고 말한다. 그런데 혹시 시간을 내어주지 않기 때문에 시간이 없다고 느끼는 것은 아닐까? 만일 그렇다면, 일부러 타인을 위해 시간을 내면 자신에게 시간적 여유가 많다고 느끼게 되지 않을까?

이 가설을 검증해보기 위해 심리학자 캐시 모길너(Cassie Mogilner)와 그 연구팀은 참가자들을 두 조건에 랜덤하게 할당했다.[21] 한 조건에서는 중병을 앓고 있는 어린아이에게 희망을 주는 편지를 쓰게 했고, 다른 조건에서는 라틴어 문장들이 가득한 페이지들에서 철자 'e'를 체크하게 했다. 전자의 경우는 누군가를 위해 시간을 내어준 조건이었고, 후자의 경우는 별 의미 없는 일을 위해 시간을 쓴 조건이었다. 과제를 마친 후에, 참가자들이 자신의 시간이 얼마나 풍족하다고 생각하는지를 측정했다. 분석 결과, 누군가를 위해 시간을 내어준 참가자들이 그렇지 않은 참가자들에 비해 시간적으로 여유가 더 있다고 느끼는 것으로 나타났다.

이 결과의 신뢰성을 높이기 위해 연구팀은 또 다른 실험을 실시했다. 한 조건의 참가자들에게는 어떤 고등학생의 작문을 15분 동안 고쳐주라고 했다(실제로 에세이와 빨간 펜이 제공되었다). 다른 조건의 참가자들에게도 고등학생의 작문을 15분 동안 고치는 일을 주었으나, 다른 사람이 이미 그 일을 했기 때문에 할 필요가 없다고 알려주었다. 결과적으로 전자의 참가자들은 자신의 15분을 다른 사람에게 할애해야 했지만, 후자의 참가자들은 15분이라는 자유 시간이 생긴 셈이었다. 그런 후에 참가자들이 시간적 여유가 얼마나 있다고 생각하는지를 측정했다. 결과는 마찬가지였다. 시간이 공짜로 생긴 참가자들보다 누군가를 위해 시간을 할애한 참가자들이 시간적 여유가 더 많다고 응답한 것이다.

시간을 내어주면 역으로 시간이 생긴다(더 정확히는 시간적 여유가 생긴다)는 점을 보여주는 연구 결과다. 이 연구의 논문 제목인 "시간을 내어줄수록 시간이 많아진다(Giving time gives you time)"가 핵심을 잘 요약하고 있다. 우리는 이미 많은 연구를 통해, 행복한 사람들이 자원봉사처럼 시간을 남에게 할애하는 일을 많이 한다는 것을 알고 있다. 행복한 사람들은 자신을 비움으로 자신을 채우는 삶의 비결을, 시간을 내어줄수록 시간의 부자가 된다는 삶의 진실을 알고 있는 것이다.

행복한 사람들은 비움으로 채우는 삶의 기술을 돈에도 적용하며 산다. 행복한 사람들일수록, 행복한 국가일수록 기부를 많이 한다는 점이 이를 증명한다. 성경을 비롯한 많은 종교의 경전에는 자신의 소유를 팔아 타인에게 베풀면 몇 배로 축복받는다는 가르침이 존재한다.

> 예수께서 가라사대 네가 온전하고자 할진대 가서 네 소유를 팔아 가난한 자들을 주라 그리하면 하늘에서 보화가 네게 있으리라 그리고 와서 나를 좇으라 하시니.
>
> – 마태복음 19:21

누군가에게 자신의 소유를 내어주면 오히려 더 채워지게 된다는 종교적 가르침이 실제로도 발생함을 보여주는 연구가 발표된 바 있다. 아서 브룩스(Arthur Brooks)가 진행한 연구에 따르면, 기부를 하고 나면 이후에 수입이 늘어나는 효과가 있다.[22] 앞으로 이 주제에 대해 더 많은 연구가 진행되어야 할 필요가 있지만, 비워야 채워진다는 종교적 가르침이 현실에서도 일어날 수 있음을 시사해주는 결과다.

행복하지 않은 사람은 채움으로 채우려고 하지만, 행복한 사람은 비움으로 채우려고 한다. 시간과 돈의 여유가 없어서 나누어줄 수 없다고 행복하지 않은 사람이 하소연할 때, 행복한 사람

은 나누지 않으면 시간과 돈의 여유는 갈수록 없어진다는 믿음
으로 나눔을 실천한다.

Chapter 03을 나가며

행복한 사람들은 마음과 일상에 묘술을 부린다. 행복한 삶을 위해
서는 어떤 마음을 품고 사느냐에 관한 심리주의 기술도 중요하지
만, 쉽게 행복을 경험할 수 있도록 일상을 다르게 배치하는 환경
주의 기술도 중요하다. 행복한 사람들에게서 발견한 열 가지 삶의
기술을 따라 해보기를 권한다.

Part 02
-
의미 있는 삶

The Meaningful Life

'맛이 좋은 음식'과 '좋은 음식'이 다르듯, '좋은 기분'과 '좋은 삶'은 다르다. 좋은 음식이 맛이 좋을 수도 있지만, 맛이 좋다는 것이 좋은 음식의 필수 조건은 아니다. 좋은 음식이란 맛은 부족하더라도 건강에 도움이 되는 음식, 신선한 재료로 만든 음식, 화학제품이 들어가지 않은 음식, 혹은 셰프의 철학이 담긴 음식을 의미하기도 한다.

좋은 기분과 좋은 삶도 이와 같다. 좋은 삶이 좋은 기분을 많이 느끼는 삶일 수 있지만, 좋은 기분만이 좋은 삶의 조건은 아니다. 좋은 기분을 많이 느끼지 못하더라도 살 만한 이유와 가치를 충분히 느낀다면 좋은 삶을 살고 있다고 할 수 있다. 라면이 맛은 좋지만 좋은 음식이 아니고, 브로콜리가 맛은 없지만 (철저히 저자 개인의 취향이다) 좋은 음식이라고 말할 수 있는 것과 같은 원리다.

이처럼 '좋은'이라는 수식어가 '좋은 기분'처럼 기분을 수식할 때와 '좋은 삶'처럼 삶을 수식할 때는 그 뜻이 달라진다. 수식어를 '행복'으로 바꿔도 마찬가지다. 즉, '행복'이 '행복한 기분'

처럼 기분을 수식할 때와 '행복한 삶'처럼 삶을 수식할 때는 그 뜻이 다르다. 철학자 대니얼 헤이브런(Daniel Haybron)은 행복이라는 단어의 이중적 의미를 쉽게 설명하기 위하여 영어 단어 bank를 예로 든다. bank는 '은행'과 '강둑'이라는 전혀 다른 두 가지 의미를 지니고 있다. bank라는 단어가 때에 따라 완전히 다른 실체를 지칭하듯이, 행복이라는 단어 역시 '기분'을 지칭할 때와 '삶'을 지칭할 때는 다른 뜻을 갖게 된다. 행복한(좋은) 기분이 맛이 좋은 음식에 해당한다면, 행복한(좋은) 삶은 좋은 음식에 해당한다.

우리가 幸福이라는 한 단어를 가지고 때로는 행복한 기분을, 때로는 행복한 삶을 가리키기 때문에 종종 오해가 발생한다. 행복한 기분을 원하는 사람에게 봉사와 기부를 권하면 당황할 수 있다. 봉사와 기부를 권하는 사람은 행복한 삶을 염두에 두었기 때문에 순간의 기분을 좋게 만드는 행위보다는 봉사와 기부를 권한 것이다. 그러나 정작 당사자는 현재의 기분을 좋게 만들고 싶었을 뿐이다. 반대로 행복한 삶을 살기 원하는 사람에게 맛있는 음식을 자주 먹을 것을 권하면 역시 당황할 수 있다. 행복한 삶이 고작 맛있는 음식을 먹는 것인가라고 실망할 수 있기 때문이다. 그 권유를 한 사람은 행복한 기분을 염두에 두고 조언했지만, 당사자는 행복한 삶을 염두에 두었기 때문에 행복한 기분 이상의 것을 기대한 것이다.

　이처럼 행복이 서로 다른 두 가지 의미를 담고 있음에도 불구하고, 우리는 행복을 행복한 기분의 관점에서만 이해하는 경향이 있다. 그 결과, 좋은 삶으로서의 행복의 의미를 간과하는 실수를 범한다. 기분 관점에서만 행복을 이해하는 사람들은 인간을 다른 동물과 질적으로 다른 존재로 보지 않는다. 그들은 동물의 모든 행동을 생존과 번식으로 설명하듯이 인간의 행동 역시 생존과 번식의 관점에서 설명할 수 있다고 본다. 이 관점에 따르면, 인간의 행복이란 생존과 번식에 도움이 되는 자극들(예를 들어 음식, 섹스, 친밀한 관계 등)에 의해서 유발되는 기분일 뿐이다.

　진화적 관점은 인간과 동물이 공통으로 경험하는 행복을 설명하는 데에는 도움이 될 수 있지만 인간만이 추구하는 행복, 즉 좋은 삶을 설명하는 데에는 한계를 지닐 수밖에 없다. 인간은 끊임없이 자신의 삶을 성찰하고 그 삶에 스토리를 부여하는 존재다. 과거를 회상하고 미래를 계획하여, 과거와 현재와 미래를 연결하는 소위 'connecting the dots'라는 의미 창출 작업을 하는 것이 인간의 특징이다. 이 작업은 삶의 순간순간에 관한 것이 아니라 삶 전체에 관한 것이다.

　삶이란 해석과 재해석의 연속이다. 과거의 즐거움이 지금 생각하니 어리석은 일이었다고 후회하고, 과거의 고통이 지금 생각하니 축복이었다고 감사하는 것이 인간이다. "인생은 가까이서 보면 비극이지만, 멀리서 보면 희극이다(Life is a tragedy when seen in close-up, but comedy in long-shot)"라는 찰리 채플린의 말처럼 순간의 경험들은 그 순간에 종료되는 것이 아니라 시간의 흐름 속에서 끊임없이 재해석되고 재평가된다. 따라서 순간의 기분만을 가지고 좋은 삶을 이해할 수는 없다.

심리학자 대니얼 카너먼은 이 두 가지의 구분을 위해 경험하는 자기(experiencing self)와 기억하는 자기(remembering self)라는 개념을 제안했다.[1] 우리에게는 현재 순간을 경험하는 자기가 있고, 나중에 그 경험을 기억하고 회상하면서 새롭게 재해석하고 의미를 부여하는 자기가 있다. 카너먼은 우리에게 두 가지 자기가 있기 때문에 우리가 추구하는 행복에도 두 가지가 있다고 주장한다. 하나는 경험하는 자기를 위한 행복이고, 다른 하나는 기억하는 자기를 위한 행복이다. 경험하는 자기를 위한 행복을 추구한다는 것은 지금 현재의 만족과 기분을 추구한다는 것이고, 기억하는 자기를 위한 행복을 추구한다는 것은 삶 전체의 의미와 가치를 추구한다는 뜻이다.

현재의 즐거움을 희생해서 장기적인 목표를 추구하는 것, 당장은 오해받더라도 옳은 일을 하고자 하는 것, 사소한 일에 목숨 걸지 않는 것은 모두 경험하는 자기의 행복을 희생하더라도 기억하는 자기의 행복을 추구하기 위한 노력이다.

2부에서는 좋은 기분이 아니라 좋은 삶 즉 굿 라이프라는 관점에서, 그리고 경험하는 자기가 아니라 기억하는 자기의 관점에서 핵심 요소인 의미 있는 삶에 관하여 논할 것이다.

Chapter 04
-
의미의 의미

굿 라이프는 의미가 가득한 삶이다.
의미는 우리 삶에 질서를 부여할 뿐만 아니라
우리 자신의 정체성을 분명히 해준다.

무거운 의미와 가벼운 의미

의미를 행복의 핵심 요소로 받아들이는 것에 회의적인 이유는 의미를 지나치게 무겁게 보기 때문이다. 행복에 대한 정의를 지나치게 가볍게 내리면 행복을 추구할 만한 이유를 발견하기 어려운 것처럼, 의미를 너무 무겁게 정의하면 의미가 '엘리트 도덕주의자가 내주는 숙제'처럼 느껴진다. 가볍고 경쾌해야 할 행복이 무거운 도덕과 윤리가 되어 부담스러워지는 것이다. 따라서 의미를 좋은 삶의 중요한 요소로 받아들이기 위해서는 의미에는 무거운 의미뿐 아니라 가볍고 경쾌한 의미가 있다는 사실을 이해해야 한다.

무거운 의미 혹은 큰 의미란 삶에 대한 목적의식과 소명 의식, 자기희생, 대의명분 같은 것을 뜻한다. 인류애, 자연과의 합일, 신의 영광, 국가에 대한 충성, 순교자적 삶, 공동체에 대한 헌신 같은 것도 그 예다. 만일 의미 있는 삶이 이런 것들뿐이라면, 사람들이 걱정하는 바와 같이 의미 있는 삶은 즐거움이라고는 전혀 없는 자기희생의 삶이자 도덕적인 삶이 될 뿐이다.

그러나 의미에는 무겁고 큰 의미만 있는 것이 아니라 작고 가벼운 의미도 존재한다. 작은 의미란 일상 속에서 경험하는 지극히 개인적인 의미를 뜻한다. 아침마다 아이들의 밥을 지어주는 것, 연로한 부모님께 안부 전화를 거는 것, 맡겨진 과제를 제시간에 해내는 것, 아이에게 구구단을 가르치는 것, 식사 기도를 하는 것, 다이어트에 성공하는 것, 화초에 물 주는 것, 약속 시간을 잘 지키는 것 등 일상적인 일을 통해서 경험되는 의미다. 자기를 희생해야만 얻어지는 것이 의미가 아니다. 즐거움을 포기해야만 얻어지는 것도 아니다. 작고 확실한 행복 '소확행'이 있듯이 작고 확실한 의미 '소확의(小確意)'도 있는 것이다.

의미의 의미를 이렇게 확장하면, 의미 있는 삶에 대한 불필요한 중압감으로부터 벗어날 수 있다. 의미를 연구하는 학자들이 정의한 의미의 의미를 들여다보면, 의미에는 크고 무거운 의미와 작고 가벼운 의미가 동시에 포함되어 있음을 더 분명히 알 수 있다. 학자들이 정의한 의미의 의미 몇 가지를 살펴보도록 하자.

첫째, 의미란 중요성(significance)이다. 개인적으로 중요하고 가치 있다고 느끼는 것이 모두 의미다. 의미 경험은 철저하게 주관적이어서 아무리 타인이 의미 없는 일이라고 간주하더라도 자신이 의미를 경험하면 그 일은 의미 있는 일이다. 공원에 모여 든 새에게 모이를 주는 행위가 국가를 위해 자기를 희생하는 일 보다 의미가 약하다고 말할 수도 있겠지만, 만일 세상을 먼저 떠 난 자식이 새를 사랑했다면 날마다 새에게 모이를 주는 행위는 그 엄마에게 세상 어떤 것보다 의미 있는 일이다.

둘째, 의미는 유용성(usefulness)이다. 자신의 행위가 쓸모 있 다고 느낄 때 그 일은 의미를 갖게 된다. 다른 말로 표현하면, '시 간 낭비가 아니다'라고 느끼는 경험이 의미다. 어떤 일을 하고 있는 도중에 '내가 지금 여기서 왜 이러고 있을까?'라고 속으로 후회한다면, 그 일에서 어떤 의미도 발견하지 못하고 있는 것이 다. 자신의 행위가 어떤 형태로든 자신이 살고 있는 세상에 도움 이 된다고 생각하면, 설사 그 행위가 타인의 눈에 아무리 무의미 하게 보일지라도 당사자에게는 의미 있는 행위가 된다.

셋째, 의미는 이해(understanding)다. 인간이 보유한 가장 강력 한 욕구 중 하나는 세상을 이해하려는(sense-making) 욕구다. 자 신에게 일어나고 있는 일들이 왜 일어났는지를 설명하지 못할 때, 우리는 '의미 없음'을 경험한다. 어떤 고통이 다른 고통보다 특별히 더 고통스러운 이유는 그 고통이 설명되지 못하기 때문 이다. '묻지 마' 범죄의 피해자와 그 가족이 고통스러워하는 이 유는, 피해자가 그 범죄의 대상이 된 아무런 이유가 없기 때문이 다. 뜻하지 않은 사고를 당한 사람들이 "왜 나에게!"라고 절규하는 이유도 마찬가지다. 삶의 무의미함은 본질적으로 이해할 수 없는 삶의 경험에서 발생한다.

넷째, 의미는 정체성(identity)과 관련이 있다. 자신의 행위가 자신이 누구이며 어디로부터 와서 어디로 가고 있는지에 대한 대답과 연결되어 있을 때, 즉 자신의 정체성과 밀접하게 연결되어 있을 때 사람들은 의미를 경험한다. 의미 있다는 것은 곧 자기다움을 뜻한다.

의미의 의미를 이렇게 해부해보면, 의미를 경험하게 하는 행위의 스펙트럼이 매우 다양함을 알 수 있다. 대아(大我)를 위해 소아(小我)를 희생하는 행위만이 아니라 자기다움의 삶을 묵묵히 살아가는 것, 국가적 목표를 추구하는 행위만이 아니라 막 태어난 자녀를 위해 담배를 끊는 것, 종교적 신념을 위해 순교자적 삶을 사는 것만이 아니라 기념일을 맞이하여 사랑하는 사람에게 꽃 한 송이를 선물하는 것도 동일하게 의미 있는 행위다. 의미 추구는 엘리트 도덕주의자의 강압적 명령이 아니라 자연스러운 우리의 본성이다.

의미를 향한 인간의 의지

인간은 의미에의 의지가 충만한 존재다. 빅토르 프랑클(Viktor Frankl)의 연구와 저술은 의미를 향한 인간의 의지가 얼마나 강력한지를 잘 보여준다. 프랑클의『죽음의 수용소에서(Man's Search for Meaning)』는 삶에 대한 희망이라곤 어디에서도 찾을 수 없었던 아우슈비츠라는 극한의 상황에서도, 인간을 인간답게 행동하도록 한 결정적 힘이 감각적인 즐거움이 아닌 삶의 의미, 더 정확하게는 의미를 발견하려는 의지였음을 보여준다.[1]

프랑클의 저술이 무겁고 큰 의미의 힘을 보여주었다면, 행동경제학자 댄 애리얼리(Dan Ariely)의 실험은 작고 가벼운 의미의 힘을 잘 보여준다.[2] 애리얼리 실험의 참가자들은 문장들이 가득한 페이지에서 특정 알파벳을 찾아 체크하는 과제를 했다. 한 페이지를 다 마치면 그 페이지를 제출하고 다시 다른 페이지를 제공받았다. 참가자들은 자신이 완수한 페이지 수만큼 돈을 받을 수 있었다. 한 조건에서는 다 마친 종이에 참가자 본인의 이름을 적게 했다. 또 다른 조건에서는 종이에 이름을 적게 하지 않았으며, 종이는 제출되자마자 파쇄기에서 파쇄됐다. 참가자들은 원할 때까지 그 과제를 계속해서 할 수 있었고 언제든지 그만둘 수 있었다. 과연 참가자들은 어느 조건에서 더 많은 양의 작업을 완수했을까?

경제적 관점에서 보자면 후자의 조건이 훨씬 유리하다. 적당히 하고 제출해도 들킬 일이 없기 때문이다. 그러나 결과는 정반대였다. 자신의 이름을 적도록 한 조건에서 참가자들은 훨씬 더 많은 과제를 해냈다. 자신의 이름을 적는 것은 지극히 사소하고 일상적인 행위였지만 그것은 자기 일이라는 의미를 창출해내는 행위였다. 자기 노동의 결과물이 조각조각 파쇄되는 장면을 보는 조건에서 참가자들은 그 어떤 의미도 발견할 수 없었다. 비록 그 조건에는 대충 일해도 돈을 벌 수 있는 경제적 인센티브가 충분히 있었지만, 일을 해야 할 의미는 없었던 것이다. 이 실험은 자기 이름을 적는 것과 같은 일상적인 행위를 통해 자기 일이라는 의미를 발견하는 것이 얼마나 강력한 힘을 발휘할 수 있는지를 보여준다.

애리얼리가 자신의 실험에서 다룬 의미가 인생의 목적과 같은 크고 무거운 의미가 아니었음에도 불구하고 논문의 제목(Man's search for meaning)으로 프랑클의 책 제목을 그대로 따온 점에 주목할 필요가 있다. 큰 의미든 작은 의미든 의미는 그렇게 중요한 법이다.

의미의 발견이 고통을 이겨내게 하는 힘이 있다면, 의미의 부재는 쾌락을 고통으로 변화시키는 힘이 있다. 의미를 발견하지 못하는 상태가 유발하는 문제는 매우 다양하다. 많은 정신 병리적 문제와 스트레스를 유발하며, 심할 경우 자살 충동까지 일으킨다. 의미를 경험하지 못하는 사람들 중에는 정신과적 치료가 필요한 경우가 많다. 노년기에 의미를 경험하지 못하는 사람들이 뇌졸중에 취약하다는 연구 결과는 특히 주목할 만하다. 의미를 경험하지 못하는 사람들이 알츠하이머병에 취약하고, 심장마비에 걸릴 확률이 높으며, 평균수명도 낮다는 연구도 존재한다. 이처럼 의미의 부재는 우리의 심리적·신체적 건강에 결정적인 영향을 준다.

굿 라이프는 의미가 가득한 삶이다. 의미는 우리 삶에 질서를 부여할 뿐만 아니라 우리 자신의 정체성을 분명히 해준다. 의미는 과거와 현재와 미래를 연결시켜주는 접착제 역할을 하며, 죽음의 공포라고 하는 가장 본질적인 존재론적 문제를 해결해주는 역할을 한다. 심리학자 에릭 클링거(Eric Klinger)의 말처럼 "인간의 뇌는 목적 없는 삶을 견딜 수 없다(The human brain cannot sustain purposeless living)."[3]

의미의 원천, 자기다움

동서고금을 막론하고 인류의 지혜는 맹목적으로 성공을 추구하는 행위를 경계해왔다. 바벨탑을 쌓으려는 인간의 욕망을 혹독하게 심판한 성경의 기록이나 그와 유사한 심판을 담은 아트라하시스(Atrahasis) 서사시의 내용, 그리고 "반성되지 않은 삶은 가치가 없다(The unexamined life is not worth living)"고 말한 소크라테스의 경고 등은 인류가 얼마나 가치 없는 성공을 경계해왔는지를 잘 보여준다. 의미 없는 성공의 대안으로 제시된 것이 "너 자신을 알라"는 가르침이었다. 자신의 내면에 귀를 기울이고 자신에게 충실한 삶을 사는 것을 최고의 행복으로 제시한 것이다. 의미 없는 성공에 대한 대안을 제시하는 일에 있어서 심리학도 예외는 아니었다.

인본주의 심리학은 인간 실존의 문제를 해결하는 것이 삶의 가장 중요한 문제라고 규정하고, 삶의 궁극적 목표로서 자아실현, 의미의 실현, 인격적 성숙 등을 제시했다. 그러나 이런 인본주의 심리학은 방법론적 엄밀성의 부족으로 인해 주류 심리학으로부터 차가운 대접을 받을 수밖에 없었다. 의미와 자아실현은 개념이 모호하다는 이유로 인해 주류 심리학자들에게 기피 대상이 되었고, 그 과정에서 '좋은 삶=쾌락'이라는 등식이 광범위하게 받아들여지게 되었다. 쾌락을 측정하는 방법에 대한 나름의 합의가 존재하는 것에 비해, 의미를 측정하는 합의된 도구의 부재는 그 중요성에도 불구하고 의미를 오랫동안 뒷방 신세로 만드는 데 크게 기여했다. 그 결과, 우리는 쾌감으로서의 행복만을 좋은 삶의 가장 중요한 기준으로 받아들이게 된 것이다.

그러나 최근 들어 좋은 삶의 의미 측면을 강조하는 목소리들이 다시 등장하기 시작했다. 특히 쾌락주의적 행복관을 향해 좋은 삶에 대한 깊은 성찰과 이론 없이 지나치게 통계적 접근을 한다는 비판이 가해지면서 의미의 중요성을 강조하는 노력들이 주목받고 있다. 그 접근 중 하나가 심리학자 브라이언 리틀(Brian Little)의 '개인 프로젝트(personal projects)' 분석이다. 리틀의 연구는 인간이 경험하는 의미의 중요한 원천이 진정한 자기를 만나는 것, 즉 자기다움의 삶을 사는 것임을 보여준다.

개인 프로젝트란 글자 그대로 한 개인이 일상에서 이루고자 하는 목표를 의미한다. 예를 들어 살을 빼는 것, 10킬로미터를 뛰는 것, 자기 전에 침대에서 스마트폰을 사용하지 않는 것, 토요일에 고아원에서 봉사하는 것 등 개인마다 관심을 갖고 실행하고 있는 혹은 실행하고자 계획하는 것들이다. 이런 프로젝트는 1부에서 소개한 용어를 빌자면 당위적 자기가 요청하는 것이 아니라 이상적 자기가 추구하는 것이다.

개인 프로젝트는 다양한 차원에서 평가될 수 있다. 예를 들면 그 프로젝트가 얼마나 쉬운지 어려운지, 얼마나 재미있는지, 자신의 정체성과 얼마나 관련이 있는지, 다른 사람으로부터 얼마나 지원을 받고 있는지 등등의 차원에서 평가될 수 있다. 리틀은 그런 다양한 평가 차원이 아래의 다섯 가지 상위 차원으로 구분된다고 주장했다.[4]

〈개인 프로젝트의 5가지 차원〉

1) 자신에게 도움이 되는 정도(self benefit)

2) 성공 가능성(efficacy)

3) 재미(fun)

4) 타인의 지지(support)

5) 통합(integrity)

이 중에서 특히 주목할 만한 차원이 성공 가능성과 통합이다. 성공 가능성은 글자 그대로 그 프로젝트가 성공할 가능성에 대한 개인의 지각을 나타내고, 통합이란 그 프로젝트가 자신의 정체성과 얼마나 잘 통합되어 있는가를 나타낸다.

통합에 대해서는 조금 더 자세한 설명이 필요한데, 우리의 자기(self)는 단일 요소가 아니라 매우 다양한 요소로 구성되어 있다. 종적으로는 과거의 자기부터 현재의 자기와 미래의 자기까지, 횡적으로는 자신의 다양한 역할, 목표, 가치관 등이다. 이처럼 자기는 방대한 요소들의 집합이다. 통합이란 자신의 개인 프로젝트가 이런 다양한 자기 요소와 얼마나 잘 연결되어 있는지를 나타내는 개념이다. 쉽게 이야기하면, 지금 하고자 하는 일이 자신의 정체성과 얼마나 부합하는지를 나타낸다.

리틀의 연구에 따르면, 개인 프로젝트의 성공 가능 여부는 행복과 정적(+) 관계를 맺는 것으로 나타났다. 여기서의 행복은 긍정 감정과 부정 감정의 균형, 그리고 삶의 만족도로 측정되었다. 그러나 의미는 프로젝트의 통합 정도와 정적(+) 관계를 맺는 것으로 나타났다. 다시 말해 어떤 일의 성공 가능성은 삶에 대한 만족과 현재의 기분과 관계가 있었지만, 삶의 의미와는 크게 상관이 없었다. 반대로 하고자 하는 일이 자기 정체성과 관련되어 있다고 느끼는 정도는 삶에 대한 만족이나 감정과는 무관하지만, 삶의 의미와 정적(+) 관계를 맺는 것으로 나타났다.

이 결과는 의미의 중요한 원천이 자기다움에 있음을 보여준다. 자기가 하고 있는 일이 자기가 누구인지를 드러낸다고 느낄 때, 인간은 의미를 경험한다. 일이 잘되면 기분이 좋지만, 그 일이 자기다운 일이면 의미가 경험된다. 우리가 성공, 성취, 효용, 효율 등 무엇을 이루는 것에만 집착하게 되면 순간적인 기분의 행복을 누릴지는 모르지만, 의미 있는 삶을 경험할 가능성은 줄어든다. 의미 있는 삶이란 자기다움의 삶이다.

의미형 국가, 영국이 주는 교훈

덴마크, 부탄, 영국, 그리고 대한민국.

모두 행복과 관련하여 주목할 만한 나라들이다. 덴마크는 유엔에서 발표하는 국가별 행복 순위에서 가장 자주 1위에 등극하는 나라로서 지구상에서 가장 행복한 나라로 불린다. 기후도 그리 좋지 않고 면적도 우리나라의 절반 정도에 불과한 덴마크가 지구상에서 가장 행복한 나라라는 사실은 많은 나라로 하여금 덴마크의 라이프 스타일을 모방하도록 만들었다. 우리나라도 예외는 아니다. 일과 삶의 균형을 강조하는 휘게(hygge) 라이프 스타일, 더불어 사는 삶을 위해 겸손과 배려를 강조하는 얀테(Jante)의 법칙, 그리고 질주하는 삶에 잠시 브레이크를 걸고 자신의 삶을 성찰하도록 돕는 덴마크식 인생학교 등을 모방하려는 노력이 그 예다.

부탄은 행복 지수 면에서는 덴마크에 훨씬 미치지 못하지만, 행복을 국가의 정책 목표로 선언하고 GNH(Gross National Happiness: 국민총행복) 개념을 최초로 도입한 나라라는 점에서 관심의 대상이다. 인구 70만의 이 작은 나라는 인간 삶의 근본 목표를 행복이라고 규정하고 국가의 중요 정책을 결정할 때 "과연 국민들이 이 정책을 통해 행복해질 것인가"라는 질문을 던진다는 점에서 많은 나라의 모범이 되고 있다.

우리나라가 주목의 대상이 되는 이유는 이 두 나라와는 사뭇 다르다. 우리나라는 성취한 부의 수준에 비해 훨씬 낮은 수준의 행복을 경험하는 대표적인 나라라는 점에서 세계의 이목을 끌고 있다. 한 나라 국민들의 행복 수준은 GDP(Gross Domestic Product: 국내총생산)에 근거해서 대략 예측될 수 있다. 물론 더 정확한 예측을 위해서는 평균수명, 기업과 정부의 부패 수준, 사회적 신뢰, 개인의 자유 등과 같은 변수들이 추가로 필요하다. 하지만 국가의 경제적 수준만 가지고도 그 나라 국민들의 행복 수준을 어느 정도까지는 가늠해볼 수 있다.

매우 안타깝게도 우리나라 국민들은 국가의 GDP 수준으로 예측되는 것보다 훨씬 낮은 수준의 행복을 경험하고 있다. 경제적 부를 기준으로 삼는다면 대한민국은 행복의 대표적인 저성취자(underachiever)인 셈이다. 행복이 경제적으로 잘사는 것 이상이라는 중요한 교훈을 전 세계에 보여주고 있다는 점에서 우리나라 역시 행복에 관해서는 중요한 나라다.

영국은 최근 들어 행복에 관한 몇 가지 인상적인 노력을 통해 전 세계의 주목을 받고 있다. 2018년 1월, 영국 정부는 세계 최초로 외로움 담당 장관(Minister of Loneliness)을 임명했다. 물론

이 조치에 대한 반응이 모두 긍정적인 것만은 아니다. 현 영국 정부의 정치적 행보라는 비판과 함께 외로움과 같은 심리적 문제를 관료적으로 해결하려는 다분히 영국적인 발상이라는 냉소적인 반응도 존재한다. 이런 식이라면 미국 정부는 미국인들에게 가장 결핍된 덕목인 겸손을 위한 부처를 만들어야 한다고 비꼬기도 한다. 그럼에도 불구하고 영국의 시도를 특별히 주목해야 하는 이유는 이 시도가 그간 영국 정부가 국민들의 행복을 최우선 과제로 삼아온 것과 궤를 같이하고 있기 때문이다.

영국 통계청(ONS: Office of National Statistics) 주도로 이루어지고 있는 영국의 행복 측정을 특별히 주목할 필요가 있다. 영국 통계청은 'PWB ONS 4'라고 부르는 다음의 네 가지 질문을 이용해 영국인의 행복을 측정한다(PWB는 Personal Well-being을 지칭한다).

1) 전반적으로 요즘 당신의 삶에 얼마나 만족하십니까?
2) 전반적으로 당신이 인생에서 하는 일들이 얼마나 가치 있다고 느끼십니까?
3) 전반적으로 어제 얼마나 행복을 느끼셨습니까?
4) 전반적으로 어제 얼마나 걱정이 많으셨습니까?

첫 번째 질문은 삶에 대한 만족(足)을 측정하는 질문이다. 세 번째와 네 번째는 평소의 감정(快)을 측정하기 위한 질문으로 긍정적인 감정과 부정적인 감정을 각각 측정하고 있다. 이 세 가지 질문은 1부에서 이미 살펴본 快足을 측정하고 있기 때문에 특별히 새롭다고 할 수 없다. 삶의 만족에 대한 질문과는 달리 감정을 측정할 때는 평소의 감정을 측정해야 하기 때문에 '어제의 감정'을 측정하고 있다는 점이 특이하다면 특이할 뿐이다.

가장 주목해야 할 질문은 바로 두 번째 질문이다. "당신이 인생에서 하는 일들이 얼마나 가치 있다고 느끼십니까?" 이 질문은 삶의 의미와 목적을 묻는 질문이다. 도대체 왜 영국은 국민들의 행복을 측정하기 위해 삶의 의미를 측정하려고 하는 것일까? 행복이란 인생의 의미와는 무관한 상태가 아닐까? 쾌감(pleasure)이야말로 행복의 핵심이 아니던가?

삶의 의미를 행복에 포함하려는 영국의 이런 노력에 대해서 혹자는 영국이 행복을 오해하고 있다거나, 혹은 다분히 영국의 엘리트 도덕주의적 속성을 드러낸 것이라고 비판할 수도 있다. 그러나 행복에 대한 영국의 이해야말로 행복에 대한 매우 균형 잡힌 이해다. 영국은 행복한 기분을 넘어 행복한 삶을 측정하고자 하고, 경험하는 자기만이 아니라 기억하는 자기의 행복을 관리하고자 노력하고 있다. 국민들이 느끼는 삶의 의미를 국가가 관심을 갖고 관리하려는 노력이 매우 신선하다. 삶의 의미와 목적의 중요성이 영국에서는 제대로 인정받고 있는 것이다.

인간은 의미를 향한 의지가 충만한 존재다. 의미는 우리 삶에 질서를 부여할 뿐 아니라 자신의 정체성을 분명히 해주고, 과거와 현재와 미래를 연결시켜주는 접착제 역할을 한다. 의미는 고통을 이겨내게 하는 힘을 가지고 있으며, 반대로 의미의 부재는 쾌락을 고통으로 변화시키는 힘이 있다.

그러므로 굿 라이프란 의미가 충만한 삶이다. 의미에는 삶에 대한 목적의식, 소명과 자기희생과 같은 큰 의미도 있지만, 일상에서 발견하는 작은 의미도 존재한다. 의미의 일상성을 인식해야 의미 있는 삶을 자연스럽게 받아들이게 된다. 영국이 국민들의 의미를 측정하고 관리하기 시작했다는 점은 의미가 더 이상 뒷방 신세가 아님을 보여준다.

Chapter 05

–

의미와 쾌락의 차이

굿 라이프란 쾌락과 의미를 균형 있게 추구하는 삶이다.
기분 좋은 삶과 의미 있는 삶은 중첩되는 지점이 많지만
동시에 미묘하게 다른 특성을 지니고 있다.

젊어서는 쾌락 vs. 나이 들면 의미

일을 잘하는 것(성공 가능성)과 자기다움의 삶을 사는 것(통합)이 우리를 행복과 의미로 이끄는 두 개의 트랙임을 앞에서 소개했다. 일을 잘하는 것은 우리를 행복으로 이끌고, 자신에게 충실한 것은 우리를 의미로 이끈다. 그런데 흥미롭게도 이 두 가지 트랙이 나이가 들면서 변하기 시작한다.

나이가 들면 자신에게 충실한 것(통합)이 의미뿐 아니라 행복에도 중요하게 작동하기 시작한다. 나이가 들어갈수록 자신이 하는 일들이 'who am I?(나는 누구인가?)'와 긴밀하게 통합되어 있어야 행복(즐거움)과 의미 모두를 강하게 경험한다. 자기 정체성을 구축하고 그에 부합하는 삶을 사는 것이 나이가 들수록 더 중요해진다는 뜻이다. 반면 어떤 일을 잘하는 것이 행복에 미치는 힘은 소멸되지는 않지만 대폭 약화된다.

우리 연구팀은 앞서 소개한 브라이언 리틀의 개인 프로젝트 연구에서 한 걸음 더 나아가서, 쾌락과 의미의 상대적 중요성이 나이와 함께 변하는지를 알아보고자 했다. (이 책에서는 쾌락과 즐거움을 동일한 의미를 지니는 용어로 사용했다.) 즐거움과 의미의 상대적 중요성은 두 가지 각도에서 살펴볼 수 있다. 첫 번째는 즐거움을 경험하는 것과 의미를 경험하는 것 중 무엇이 더 중요한지를 알아보는 것이다. 이는 사람들이 실제로 경험하는 즐거움과 의미를 측정해서 각각이 삶의 중요한 결과물들(예를 들어 건강, 성취 등)에 미치는 영향을 측정하면 알 수 있다.

두 번째는 즐거움을 추구하는 것과 의미를 추구하는 것 중 무엇이 더 중요한지를 알아보는 것이다. 이는 실제로 경험하는 즐거움과 의미에 관한 것이 아니라 사람들의 신념에 관한 것이다. 다시 말해 굿 라이프에 중요한 것이 즐거움이라고 생각하는지 아니면 의미라고 생각하는지에 관한 개인들의 생각을 측정한 후, 그 생각의 차이가 건강이나 성취 같은 삶의 결과에 차이를 가져오는 정도를 알아보는 것이다.

이 두 가지 중 우리 연구팀은 두 번째에 집중해보기로 했다. 이를 위해 일련의 연구를 시리즈로 수행했다.[1] 우리는 20대부터 70대에 걸쳐 총 508명의 성인들을 모집했다. 이들의 평균 나이는 44세였다.

먼저 이들이 보유하고 있는 굿 라이프에 대한 신념을 측정하기 위해 웰빙 신념 척도(Beliefs about Well-Being Scale)를 이용했다. 이 척도는 두 개의 하위 요인으로 구성되어 있는데, 하나는 일반인들의 쾌락주의(lay hedonism)라고 불리는 요소로서 좋은 삶이 '즐거움을 경험하는 것'과 '고통을 경험하지 않는 것'이라고 믿는 정도를 재는 요소다. 두 번째 요소는 일반인들의 의미주의(lay eudaimonism)라고 불리는 요소로서 굿 라이프가 '자기를 성장시키는 것'과 '타인의 안녕에 기여하는 것'이라고 믿는 정도를 재는 요소다. 쉽게 이야기하면 전자는 즐거움이 좋은 삶에 중요하다고 믿는 정도를 재고, 후자는 의미가 좋은 삶에 중요하다고 믿는 정도를 잰다고 할 수 있다. 굳이 '일반인들의(lay)'라는 수식어를 붙인 이유는 이런 생각이 학자들의 공식 이론이 아니라 일반인들이 가지고 있는 신념임을 강조하기 위함이다(과학적 이론과 대비하여 일반인들의 생각을 지칭할 때 심리학에서는 'lay theory'라는 용어를 사용한다).

쾌락과 의미에 대한 개인의 신념이 좋은 삶에 미치는 영향을 비교해보기 위하여, 우리는 참가자들의 주관적 안녕감을 결과 변인으로 측정했다. 즉, 삶에 대한 만족감(足)과 정서적 균형(快, 부정 정서 대비 긍정 정서)을 잰 것이다.

분석 결과는 매우 흥미로웠다. 우선 개인의 주관적 안녕감과 쾌락주의는 부적(-) 관계를 보였고, 주관적 안녕감과 의미주의는 정적(+) 관계를 보였다. 다시 말해, 굿 라이프가 '즐거움을 경험하고 고통을 피하는 것'이라고 믿을수록 역설적으로 즐거움과 만족을 경험하지 못하는 것으로 나타났다. 반면에 굿 라이프가 '자기를 성장시키고 타인의 삶에 긍정적으로 기여하는 것'이라고 믿을수록 자기 삶에 대한 만족감이 크고 긍정 정서도 강하게 경험하는 것으로 나타났다.

우리가 발견한 더 흥미로운 사실은 이 결과가 나이에 따라 어떻게 달라지는지를 분석하는 과정에서 나타났다. 의미주의가 행복에 미치는 긍정적 혜택이 나이가 들수록 증가하는지 아니면 감소하는지를 분석한 결과, 의미주의의 힘은 나이와 함께 더 커지는 것으로 나타났다! 쉽게 이야기하면 '자기가 성장하는 것과 타인의 삶에 기여하는 것'이 좋은 삶이라고 생각할수록 행복이 증가하는 패턴이 존재하는데, 이 패턴이 나이가 들어갈수록 강해진다는 것이다.

자기의 성장을 도모하고 타인의 삶에 기여하는 것은 삶의 의미를 발견하는 중요한 원천이다. 따라서 이 결과는 삶의 의미를 발견하는 것이 중요하다는 생각을 가질수록 나이 든 사람들이 경험하는 행복이 더 크게 증가함을 의미한다. 또한 나이가 들었음에도 불구하고 여전히 쾌락의 추구와 고통의 회피가 중요하다고 생각하면 행복이 오히려 감소할 수 있음을 시사한다.

매우 흥미롭고 고무적인 결과였지만, 우리 연구팀은 두 가지 이유 때문에 신중할 수밖에 없었다. 하나는 이 결과가 한국 사람들에게만 나타나는 현상일 수 있기 때문이다. 연구에 따르면, 의미를 추구하는 경향성은 우리나라 사람들에게서 매우 강하게 나타난다. 그 어떤 민족보다 우리는 의미를 중시하는 민족이다. 따라서 즐거움에 대한 의미의 상대적 우위가 대단히 한국적 현상일 수도 있다. 또 하나 신중을 기하고자 한 이유는, 중요한 삶의 결과물로 우리 연구에서 측정한 것이 오직 주관적 안녕감 하나였기 때문이다. 더 다양한 결과 변인이 있어야만 결과의 신뢰도를 높일 수 있었다.

이 두 가지 문제를 극복하기 위해, 우리는 한국인이 아닌 미국인을 새로운 연구 대상으로 삼았다. 또한 주관적 안녕감과 함께 실생활의 스트레스 수준을 추가로 측정했다. 18세부터 66세에 이르는 다양한 연령대의 미국인 513명을 모집하여 이들이 굿라이프에 대하여 갖고 있는 생각, 주관적 안녕감, 그리고 스트레스를 측정했다.

결과는 어땠을까? 쾌락이 중요하다고 믿을수록 행복감이 저하되는 현상은 한국적 현상이었을까? 쾌락을 중시한다고 알려진 미국인들은 쾌락이 중요하다고 믿을수록 행복감이 증가하고, 의미에 비중을 둘수록 행복감이 감소했을까? 미국인들 또한 나이가 들수록 쾌락을 더 중요하게 여길까? 놀랍게도 결과는 모두 NO였다!

우리는 미국인들에게서도 완벽하게 동일한 패턴을 얻을 수 있었다. 즐거움을 경험하는 것과 고통을 피하는 것이 굿 라이프에 중요하다고 믿는 미국인들이 자기 성장과 타인에 대한 기여가 굿 라이프에 중요하다고 믿는 미국인들보다 훨씬 낮은 행복감을 경험하고 있었다. 그리고 이 패턴은 스트레스 측정치에서도 동일하게 나타났다. 의미주의적 신념을 지닌 사람들일수록 행복감이 높고 스트레스는 덜 경험했다. 가장 중요한 연구 결과는, 의미주의의 효과가 나이가 들수록 커지는 현상이 미국인들에게서도 그대로 발견되었다는 점이다. 미국인들에게도 나이가 들수록 중요해지는 것은 쾌락에 대한 추구가 아니라 의미에 대한 추구였다.

우리 연구는 쾌락이 중요하지 않다는 것을 의미하지 않는다. 쾌락과 의미는 굿 라이프의 양대 산맥이다. 다만, 나이가 들어갈수록 의미의 중요성이 더 커진다는 점을 보여준다. 우리가 의미 있는 삶을 중시해야 하는 이유다.

연약한 쾌락 vs. 강인한 의미

쾌락과 의미의 상대적 중요성을 비교해보는 더 직접적인 방법은 사람들이 실제로 경험하고 있는 쾌락적 행복과 의미적 행복을 측정한 후에, 각각이 삶에 미치는 영향을 비교해보는 것이다. 예를 들어, 쾌락적 행복을 많이 경험하는 사람이 의미적 행복을 많이 경험하는 사람보다 더 건강한지, 인간관계가 더 좋은지 혹은 그 반대인지 등을 연구해보는 것이다. 그러나 이 질문에 단 하나의 답이 존재할 가능성은 희박하다.

그 이유는 예를 들어, 건강이라고 하더라도 건강의 어떤 측면을 측정할 것인지를 정해야 하고, 설사 건강의 한 측면에서 어떤 결과가 나온다 하더라도 그 결과가 건강의 다른 측면들에서도 동일하게 발견될지는 알 수 없기 때문이다. 게다가 삶의 중요한 결과물에 건강만 있는 것이 아니라 인간관계, 성취, 돈 등 다른 많은 영역이 존재한다. 따라서 건강에서 발견된 결과가 다른 영역들에서도 동일하게 발견될 것인지도 미지수다. 이런 방법론적 난관에도 불구하고 이 질문들이 갖는 중요성은 결코 과소평가될 수 없다. 실제로 그에 답하고자 하는 연구들이 속속 등장하고 있는데, 그중에서 가장 주목할 만한 연구가 2013년에 《미국국립과학원회보(Proceedings of National Academy of Sciences)》에 발표되었다.[2]

논문을 제출한 연구팀은 80명의 건강한 미국 성인의 쾌락적 행복과 의미적 행복을 측정했다. 쾌락적 행복과 의미적 행복을 측정하기 위해서 참가자들에게 아래 질문들에 답하게 했다.

〈쾌락적 행복 측정을 위한 질문들〉

- 지난 일주일 동안 얼마나 자주 당신이 행복하다고 느끼셨습니까?(快)
- 지난 일주일 동안 얼마나 자주 당신의 삶에 만족하셨습니까?(足)

〈의미적 행복 측정을 위한 질문들〉

- 지난 일주일 동안 얼마나 자주 당신의 삶이 의미가 있다고 느끼셨습니까?
- 지난 일주일 동안 얼마나 자주 당신 삶의 경험들이 당신을 성장시키고 더 나은 사람으로 만들었다고 느끼셨습니까?
- 지난 일주일 동안 얼마나 자주 타인과 공동체를 위한 일을 하셨습니까?

이런 질문에 답하게 한 후에 연구팀은 이 두 가지 종류의 행복이 건강에 미치는 영향을 알아보기 위하여 매우 독특하고 전문적인 분석을 시도했다. 인간이 보유하고 있는 약 2만 1천 개의 유전자 중에서 53개의 유전자는 우리 몸에 바이러스가 침투했을 때 그것과 싸우는 좋은 역할을 하거나 혹은 염증을 유발하여 악화시키는 나쁜 역할을 하는 데 관여하는 것으로 알려져 있다. 백혈구의 '역경에 대한 보존 전사 반응(CTRA: Conserved Transcriptional Response to Adversity)'이라고 불리는 역할들이다.

연구팀은 80명의 혈액을 채취하여 각자의 두 가지 행복의 수준과 역경에 대한 보존 전사 반응의 관계를 분석했다. 특히 관심을 가졌던 것은 어떤 행복이 좋은 유전자 발현(바이러스와 맞서 싸우는 일)에 더 많이 관여하고, 어떤 행복이 나쁜 유전자 발현(염증 반응)에 더 많이 관여하는지였다.

결과는 매우 놀랍고 흥미로웠다. 쾌락적 행복 점수가 높은 사람들일수록 항바이러스를 위한 유전자 발현이 약하고 염증과 관계된 유전자 발현이 강한 것으로 나타났다. 한마디로 건강하지 않은 반응을 보일 가능성이 높은 것으로 나타났다. 반대로 의미적 행복 점수가 높은 사람들은 항바이러스에 관여하는 유전자 발현이 강하고 염증 반응에 관여하는 유전자 발현은 약한 것으로 나타났다.

이 결과는 의미적 행복을 더 많이 경험하는 것이 몸의 역경을 이겨내는 건강한 유전자 활동과 관련 있음을 시사한다. 물론 의미적 행복과 쾌락적 행복은 서로 강하게 연결되어 있어서, 의미적 행복을 많이 느끼는 사람이 쾌락적 행복도 많이 느끼는 것이 사실이다. 그럼에도 불구하고 이 연구는 지나치게 쾌락에 치우친 삶에 대한 경종을 울리고 있다. 실제로 이 연구자들은 미국 사회에 만연한 쾌락적 행복에 대한 경고를 논문에 신고 있다.

동일한 결과가 한국인에게도 적용될 것인지, 건강의 다른 측면들에도 적용될 것인지, 그리고 모든 연령대의 사람들에게 적용될 것인지 등 앞으로 답해야 할 질문이 매우 많다. 따라서 이 연구에만 기초해서 쾌락보다 의미가 더 중요하다고 결론 내릴 수는 없다. 그럼에도 불구하고 굿 라이프를 추구하는 과정에서 쾌락을 중시하고 의미를 부차적인 것으로 간주하는 태도가 좋지 않다는 점만은 분명해 보인다.

함께하는 쾌락 vs. 홀로인 의미

같은 듯 다르고 다른 듯 같은 것이 즐거움과 의미다. 이 둘을 구분하는 것이 정말로 중요한지에 대해서 두 가지 상반된 입장이 존재한다. 하나는 쾌락적 행복과 의미적 행복이라는 두 가지 서로 다른 유형의 행복이 존재한다는 입장이고, 다른 하나는 두 가지 서로 다른 행복이 있다기보다는 행복에 대한 두 가지 견해가 있을 뿐이라는 입장이다.

후자의 입장을 취하는 학자들이 즐겨 내세우는 논리는 쾌락 경험과 의미 경험이 서로 강하게 연결되어 있어서, 쾌락이 경험될 때 의미가 경험되고 의미가 경험될 때 쾌락이 경험되기 때문에 이 둘을 구분하는 것이 현실적으로 큰 의미가 없다는 것이다. 그러나 전자의 입장인 학자들은 어떤 두 가지가 경험적으로 관련되어 있다고 해서 그 두 가지를 구분하지 않는 것은 옳지 않다고 주장한다. 한 사람의 키와 몸무게가 강하게 관련되어 있다고 해서, 이 두 개념을 구분할 필요가 없다고 주장하는 것이 옳지 않은 것과 같은 논리다. 쾌락과 의미의 상관관계가 높다고 하더라도 이 둘은 개념적으로 구분될 수 있고, 또 구분되어야 한다는 주장이다.

쾌락과 의미가 정말로 구분되어야 할 필요가 있다고 주장하려면, 쾌락 경험과 의미 경험이 어떻게 유사하고 어떻게 다른지를 알아야 한다. 만일 쾌락 경험과 의미 경험이 연결되어 있음에도 불구하고 동시에 서로 다른 특징들을 가지고 있다면, 이 둘을 분리해서 생각해야 한다는 입장이 더 설득력을 갖게 될 것이다.

우리 연구팀은 쾌락 경험과 의미 경험의 유사성과 차별성을 알아보려고 18세부터 63세에 이르는 다양한 연령대의 참가자

603명에게 모바일 설문 조사를 실시했다.[3] 참가자 중 약 34퍼센트는 대학생, 45퍼센트는 직장인이었다. 아침 8시부터 밤 11시까지를 다섯 시간 단위의 세 구간으로 나눈 후, 컴퓨터가 각 구간 내에서 임의적으로 시간을 선정해 참가자들에게 연락을 취했다. 이들은 문자메시지에 제공된 링크에 접속해 그 순간 본인이 경험하고 있는 일들과 그때의 주관적 심리 상태를 보고했다.

참가자들은 먼저 그 순간에 경험하고 있는 쾌락과 의미를 100점 척도에서 각각 보고했다. 또한 그 순간에 어떤 활동을 하고 있었는지를 총 35개 활동 리스트 중 하나를 택하여 보고했다. 만일 해당 리스트에 없는 활동을 하고 있으면 자유롭게 기입하도록 했다. 참가자들에게 제공된 35개의 활동은 다음과 같다.

〈35개 활동 목록〉

SNS	TV 시청	게임
공부	그냥 있기	낮잠
대화	데이트	독서
라디오 듣기	먹기	문자
병원 진료	사교 활동	산책
세면/목욕/화장	쇼핑	수업
여행	영화 시청	요리
운동	육아	음악 듣기
음주	이동 중	일
자원봉사	전화 통화	종교 활동

| 집안일 | 취미/여가 | 컴퓨터 |
| 회식 | 흡연 | 기타 |

또한 그 순간 누구랑 함께 있는지를 총 열 명의 가능한 후보 (친구, 배우자, 자녀, 상사, 부하 등)가 제시된 리스트 중에서 고르도록 했다. 해당하는 사람이 리스트에 없으면 역시 자유롭게 기입할 수 있도록 했다. 참가자의 나이, 성별, 교육 수준, 결혼 여부 같은 인구통계학적 정보들이 쾌락 경험과 의미 경험에 영향을 줄 수 있기 때문에 연구가 시작될 때 이 정보들을 미리 수집해두었다.

참가자들이 2주에서 4주간 참가했고 응답률이 80퍼센트에 달했기 때문에, 전체 응답수가 무려 2만 4천 430개에 달했다. 우리는 이 데이터를 다양하고 정교한 방법으로 분석해서 일상에서 경험하는 의미와 쾌락이 얼마나 중첩되는지, 쾌락과 의미에 영향을 주는 요인들이 얼마나 같은지 혹은 다른지 등을 찾아낼 수 있었다. 과연 쾌락과 의미, 이 둘은 어떻게 같고 어떻게 달랐을까.

우선 우리는 사람들이 일상에서 경험하는 의미와 쾌락이 얼마나 중첩되는지를 보기 위해 둘 사이의 상관관계를 순간순간의 시점에서, 하루하루의 시점에서, 그리고 개인차 수준에서 각기 계산했다. 순간순간 시점에서의 상관관계란 한 개인이 특정 순간에 경험한 쾌락과 의미의 중첩 정도를 의미하고, 하루하루 시점에서의 상관관계란 하루 동안(순간이 아닌) 경험한 의미와 행복을 다 합쳐서 계산한 서로의 중첩 정도를 의미한다. 그러므로 순간순간 시점의 상관관계는 쾌락과 의미가 동일한 순간에 경험되는 정도를 보여주지만, 하루 시점의 상관관계는 하루 세 번 측정한 행복 값의 총합과 하루 세 번 측정한 의미 값의 총합 사이의 관계이기 때문에 동일한 순간에 쾌락과 의미가 함께 경험되는 정도는 보여주지 못한다. 마지막으로 개인차 수준에서의 상관관계란 연구 기간 내내 한 개인이 경험한 즐거움의 총합과 의미의 총합 사이의 상관이기 때문에, 이 역시 순간순간 시점에서 쾌락과 의미를 얼마나 함께 경험하는지는 보여주지 못한다.

분석 결과, 놀랍게도 하루 시점과 개인차 수준에서는 쾌락과 의미의 상관계수가 .75로 높게 나타났다! 이는 의미를 많이 느낀 날에는 즐거움도 많이 느꼈고(하루 수준), 연구 기간 내내 의미를 많이 느낀 사람은 즐거움도 많이 느꼈다는 것을 뜻한다(개인차 수준). 이 결과만 놓고 보면 쾌락 경험과 의미 경험은 서로 중첩되는 정도가 커서 두 개를 굳이 따로 구분할 필요가 없는 것처럼 보인다.

그러나 놀라운 반전은 순간 시점의 의미와 쾌락의 상관관계에서 나타났다. 이 상관계수는 겨우 .36이었다! 이는 어느 순간에 경험한 즐거움이 높다고 해서, 그 순간에 반드시 의미를 많이 경험하지는 않는다는 것을 나타낸다. 가령 아이스크림을 먹고 있는 순간에 즐거움은 강하게 느끼지만 의미는 별로 경험하지 않을 수 있다. 따라서 쾌락과 의미를 굳이 구분할 필요가 없다는 주장은 순간의 경험이라는 측면에서는 설득력이 약하다고 할 수 있다.

우리 연구가 밝혀낸 쾌락과 의미의 차이를 좀 더 자세하게 살펴보도록 하자.

우선, 나이 효과다. 나이가 들수록 쾌락과 의미 경험이 모두 증가하는 것으로 나타났다. 그런데 놀랍게도 나이 효과는 의미에서 더 큰 것으로 나타났다. 즉, 의미 경험이 나이와 함께 증가하는 폭이 더 컸다는 뜻이다. 앞에서 우리는 의미를 중시하는 태도가 즐거움을 중시하는 태도보다 삶에 더 긍정적인 영향을 미치고 이는 나이가 들수록 더 강해진다는 점을 소개한 바가 있는데, 이와 궤를 같이하는 결과다.

둘째, 결혼 여부는 쾌락 경험과는 큰 관계를 보이지 않았다. 적어도 하루하루의 삶에서 기혼자가 미혼자보다 더 기분이 좋은 것은 아니었다. 그러나 의미 경험에서는 전혀 다른 결과가 나타났다. 기혼자들이 미혼자들보다 순간순간 경험하는 의미의 정도가 크게 나타났다. 기혼자가 결혼으로 얻는 일상적인 이점이 쾌락보다 의미에 있음을 시사하는 결과다.

셋째, 각각의 구체적인 활동들이 제공하는 쾌락과 의미 경험의 정도가 달랐다. 어떤 경험은 즐거움은 많이 주지만 의미는 주지 못했다. 'TV 시청, 회식, 게임'이 대표적이었다. 이런 일을 하고 있을 때는 기분은 좋지만 의미는 없다고 생각할 가능성이 높다. 반대로 의미와는 정적(+) 관계이지만 즐거움과는 부적(-) 관계에 있는 활동들도 존재했다. 가장 대표적인 케이스가 '수업 듣기, 병원 가기, 일하기'였고, '집안일하기, 공부하기'도 정도는 약하지만 그런 부류에 해당했다. 이런 경험을 하면서 사람들은 의미는 강하게 경험하지만, 즐거움은 크게 경험하지 못하는 것으로 나타났다.

흥미롭게도 '아이 돌보기, 요리하기, 운동하기, 기도하기, 자원봉사'는 즐거움과 의미 모두에 정적(+) 관계가 있었지만 의미와의 관계가 더 강했다. 반대로 둘 다와 정적 관계가 있지만 즐거움과의 관계가 더 강했던 활동들에는 '영화 보기, 술 마시기, 수다 떨기' 등이 있었다.

특히 흥미로운 변수는 '혼자 있는 것'의 효과였다. 우리는 사람들이 혼자 있을 때보다 누군가와 함께 있을 때, 즐거움과 의미가 모두 강하다는 사실을 발견했다. 그러나 이 관계는 의미보다는 즐거움에서 더 강했다. 즉 혼자 있는 상태는 우리의 기분을 저하시키는 힘이 강하지만, 의미를 떨어뜨리는 효과는 약했다. 행복해지기 위해서 홀로 있기보다는 다른 사람들과 함께 시간을 보내라는 말을 들을 때, 한편으로는 동의하면서도 한편으로는 의문이 들었던 적이 있었을 것이다. 우리의 이런 반신반의가 혼자 있는 것이 주는 의미의 행복을 경험했기 때문일 수 있음을 시사한다. 스스로를 자발적으로 격리시킨 상태에서 경험하는 성찰의 시간이 성장과 의미 경험을 제공했기 때문에, 혼자 있는 시간이 주는 행복을 부정하기 어려웠던 것이다. 반면에 즐거움 혹은 쾌락은 혼자 있을 때보다는 누군가와 함께 있을 때 훨씬 강한 것으로 나타났다.

결과적으로 우리 연구는 쾌락과 의미가 상당히 중첩되는 경험이면서 동시에 매우 구별되는 경험임을 보여준다. 다수의 심리학자도 즐거움과 의미가 '관계있지만 구별되는(related but distinct)' 경험이라는 데 동의한다. 기분 좋은 삶을 산다는 것과 의미 있는 삶을 산다는 것은 분명 서로 중첩되는 지점이 많지만, 동시에 미묘하게 다른 특성들을 지니고 있다. 즐거움과 의미 모두를 균형 있게 추구해야 하는 또 다른 이유다.

지금은 쾌락 vs. 나중엔 의미

아름다운 해안선을 뽐내는 이탈리아의 나폴리만이 한눈에 내려

다보이는 곳에 위치한 카포디몬테 미술관에는 바로크 시대 화가인 안니발레 카라치의 명작 〈헤라클레스의 선택〉(1596년경)이 전시되어 있다. 자신에게 제시된 두 가지 삶을 놓고 고민하는 젊은 헤라클레스를 그린 작품이다. 이 그림에는 두 여인이 등장하는데 한 여인은 고통스럽고 험난하지만 탁월한 삶을 살아야 한다고 헤라클레스에게 조언하고, 다른 여인은 즐겁고 신나는 삶을 살아야 한다고 조언한다. 두 여인의 의상부터 서로 다른 삶에 대한 지향성을 암시한다. 탁월한 삶을 권장하는 여인의 옷은 정숙하고 노출이 없는 반면에, 쾌락적 삶을 추구하는 여인의 옷은 시스루다.

〈헤라클레스의 선택〉, 안니발레 카라치, 캔버스에 유채, 273×167cm, 1596년경, 카포디몬테 미술관(이탈리아 나폴리).

이 그림에 등장하는 헤라클레스처럼 우리는 즐거움과 의미, 쾌락과 탁월함, 향유하는 삶과 성찰적 삶 가운데서 꼭 하나를 택해야 하는 존재일까? 우리는 이 어려운 선택을 놓고 고뇌할 수밖에 없는 운명적 존재인가?

쾌락과 의미는 양자택일의 문제가 아니다. 비록 이 둘의 상대적 중요성을 평가하는 개인차(의미형 인간과 재미형 인간)와 문화 차이(한국은 대표적인 의미 중심의 국가)가 존재하지만, 이 가운데 한 가지만 극단적으로 추구하는 것은 우리의 삶에 좋은 영향을 주지 못한다. 그렇다면 우리는 이 두 가지를 어떻게 균형 있게 선택하면서 살아가고 있을까? 혹시 우리 안에 이 두 가지를 균형 있게 추구하도록 하는 어떤 내적인 장치가 있지 않을까? 마치 서로 다른 장르의 영화를 보고 싶어 하는 연인들이 두 영화를 번갈아가며 보는 것처럼, 우리도 어떤 경우에는 즐거움을 추구하고 어떤 경우에는 의미를 추구함으로써 두 본성 모두를 충족시키고 있지는 않을까?

우리 연구팀은 '시간'이 그런 중재 역할을 할 것이라는 가설을 세우고 이를 검증해보기로 했다.[4] 구체적으로 우리는 사람들이 지금 당장은 즐거운 경험을 하고 싶어 하고, 나중에는 의미 있는 경험을 하고 싶어 할 것이라는 가설을 세웠다. 현재로부터의 거리에 따라 가까운 미래(혹은 현재)에는 즐거움을, 먼 미래에는 의미를 추구하는 내적 장치가 우리 안에 존재할 것이라는 생각을 해본 것이다. 우리의 이런 생각은 '해석 수준 이론(Construal Level Theory)'이라고 불리는 아주 매력적인 심리학 이론으로부터 비롯했다.[5]

해석 수준 이론은 '거리'가 인간의 심리에 만들어내는 극적인 차이를 다루고 있다. 여기서 거리는 물리적 거리뿐 아니라 시간적 거리와 관계적 거리도 포함한다. '가까운 시간', '먼 미래'와 같은 표현에서 알 수 있듯이 우리는 시간을 공간처럼 생각하는 경향이 있다. 인간관계 역시 공간처럼 사유하여 '가까운 사람', '먼 친척'과 같은 표현을 쓴다. 물리적 거리, 시간적 거리, 관계적 거리가 개념상 완전히 다름에도 불구하고, 우리의 뇌는 이 세 가지를 동일하게 표상한다.

거리가 멀어지면 우리는 어떤 대상이나 사건의 큰 그림을 보게 되지만, 거리가 가까워지면 그 대상이나 사건의 구체적인 특성들을 보게 된다. 물리적 거리에 적용되는 이 사실이 시간적 거리와 관계적 거리에도 그대로 적용된다는 것이 해석 수준 이론의 핵심이다. 먼 미래의 일을 생각할 때는 그 일의 의미와 가치 같은 큰 그림을 보지만, 임박하면 그 일을 하기 위한 구체적인 절차를 보게 된다. 관계적 거리에도 동일한 원리가 적용된다. 자기 일인 경우에는(즉 거리가 가까운 경우) 여러 가지 구체적이고 현실적인 고려를 하게 되지만, 다른 사람의 일인 경우에는(즉 거리가 먼 경우) 우선순위와 원칙을 지키라고 조언한다.

해석 수준 이론에서는 거리가 멀리 떨어져 있을 때 보이는 부분을 상위 표상이라고 부르고, 가까이 있을 때 보이는 부분을 하위 표상이라고 부른다. 상위 표상과 하위 표상의 대표적인 대비는 중요성(desirability)과 가능성(feasibility)이다. 예를 들어 어떤 일을 결정할 때, 우리는 그 일의 중요성과 가능성을 동시에 고려한다. 그러나 거리가 증가할수록, 특히 시간상 거리가 증가할수록 사람들은 어떤 일의 중요성을 중시하고, 시간이 임박할수록 그 일의 가능성에 주목한다.

우리 연구팀은 해석 수준 이론에 착안하여 즐거움은 하위 표상이고, 의미는 상위 표상일 것이라는 가설을 세우고 이를 검증해보기로 했다. 만일 이 가설이 옳다면 사람들은 임박한 시점에서는 즐거운 일을 선호하고 상대적으로 먼 미래를 위해서는 의미 있는 경험을 선호할 것이라는 추론이 가능해진다.

연구 결과는 우리의 가설이 타당함을 보여주었다. 사람들은 당장은 신나고 즐거운 일을 하고 싶어 하지만 나중에는 가치 있고 의미 있는 일을 하고 싶은 것으로 밝혀졌다. 현재를 즐기고 만끽하려는 바람과, 나중에는 가치 있고 의미 있는 일을 하려는 바람이 절묘하게 공존하는 것이 우리의 마음이다. 우리가 즐거움과 의미 사이에서 큰 갈등을 겪지 않고 두 가지 본성을 효과적으로 충족시키며 살아갈 수 있는 까닭은 시간의 중재가 있기 때문이다.

물론 이 연구 결과는 의미 있는 일을 미루려는 인간의 심리도 보여준다. 우리는 즐거운 일은 당장 하지만, 의미 있는 일은 나중으로 미룸으로써 죄책감을 피하려고 한다. 즐거운 일을 경험하기 위해서 대단한 결심과 계획을 세워야 할 필요는 없지만, 의미 있는 일을 위해서는 상당한 노력과 계획이 필요하다. 충동 쇼핑은 쉬워도, 충동 봉사는 어려운 것처럼.

인간의 마음속에서 현재는 쾌락의 시간이고, 미래는 의미의 시간이다.

한 번 사는 인생은 쾌락 vs. 한 번 죽는 인생은 의미

즐거움과 의미를 중재하는 시간의 힘은 여기서 멈추지 않는다. 현재 시점으로부터의 거리뿐만 아니라 어떤 경험의 '지속 시간'도 중요한 중재 역할을 한다. 다시 말해, 어떤 경험이 짧게 지속될 경우 사람들은 쾌락적 경험을 선호하고, 어떤 경험이 오래 지속될 경우에는 의미 있는 경험을 선호한다.

우리의 가설은 한때 큰 화제가 되었던 애슐리 매디슨(Ashley Madison)이라는 성인 만남 사이트의 도발적 광고에서 시작되었다.

Life is short. Have an affair.

(인생은 짧다. 바람 피워라.)

애슐리 매디슨은 이 자극적 광고를 이용하여 짧은 시간 안에 수많은 유부남 유부녀를 회원으로 모집할 수 있었다. 도대체 이 광고의 어떤 특징이 사람들의 욕망을 휘저어놓았을까?

우리는 "Life is short"라는 문구에 주목했다. 인생은 짧다, 시간이 별로 없다고 생각하면 할수록 사람들이 쾌락적 행동을 추구하게 되지 않을까 생각한 것이다. 우리의 가설은 일상에서 관찰한 몇 가지 사실과도 꽤 부합했다. 밤이 깊어갈 때쯤이면 어느 술집에서나 "인생은 짧아, 마시자!!", "짧고 굵게!"라는 외침들이 들려오고, 놀자고 꼬드기는 친구들은 늘 "인생 별거 없잖아"라고 속삭이지 않나. 유흥과 소비를 자극하는 청담동에는 어느 순간부터 'YOLO'라는 간판들이 등장하기 시작했다. 한 진화심리학 연구는 클럽에 모인 원나이트 스탠드 희망자들은 마감 시간이 가까워질수록 상대 이성의 외모 기준을 낮추어서 짝을 이루는 경향성을 보인다고 보고했다.

우리 연구팀은 삶의 짧음과 덧없음에 대한 자각은 욜로(YOLO: You Only Live Once)적 삶을 추구하게 하고, 반대로 삶의 무한성에 대한 자각은 요도(YODO: You Only Die Once)적 삶("한 번 죽을 인생이니 의미 있게 살자")을 추구하게 할 것이라는 가설을 세우고 일련의 연구를 수행했다.[6]

첫 번째 연구에서는 97명의 서울대학교 학생과 61명의 미국인에게 아주 간단한 질문을 던졌다. 한 조건에서는 '단 하루 동안 하게 될 활동을 선택한다면'이라는 단서를 달고 즐겁고 신나는 일과 의미 있고 가치 있는 일 중 하나를 택하게 했다. 다른 조건에서는 6개월 동안 하게 될 활동을 선택하게 했다.

- 단 하루 동안 하게 될 활동을 선택한다면?
- 6개월간 하게 될 활동을 선택한다면?

결과는 매우 분명했다. 단 하루 동안 할 일을 선택하게 하면, 미국 사람이든 한국 사람이든 절대 다수가 즐겁고 신나는 일을 선택했다. 그러나 6개월 동안 하는 일을 선택하게 하면, 두 가지 일을 선택하는 비율이 매우 비슷해졌다. 지속 시간이 긴 일일 경우 의미를 경험하려는 경향성이 강해진 것이다.

우리는 이 연구 결과에 고무되어, 지속 시간을 더 다양하게 변화시켰다. 문화적 보편성을 확보하기 위해 이번에도 역시 한국인과 미국인 두 집단을 사용했다. 제시한 지속 시간은 10분, 한 시간, 하루, 일주일, 한 달, 6개월이었다. 결과는 놀라울 정도로 동일했다. 지속 시간이 늘어나면 늘어날수록 신나고 즐거운 활동보다는 가치 있고 의미 있는 일을 경험하려는 선택이 유의하게 증가했다.

짧은 시간을 위해서는 즐거운 경험을 선호하고 긴 시간을 위해서는 의미 있는 경험을 선호한다는 위 결과들이 고무적이기는 하지만, 인생이 짧다고 생각하기 때문에 쾌락을 추구한다는 가설에 대한 직접적인 증거는 제공해주지 못한다. 이 가설을 보다 직접적으로 검증하기 위해서는 인생을 짧다고 보는지, 혹은 길다고 보는지를 직접적으로 측정해야 한다.

이뿐 아니라 '즐겁고 신나는 일'과 '가치 있고 의미 있는 일'이란 표현에 대한 해석이 각자 다를 수 있기 때문에, 구체적인 활동들 자체를 제시할 필요가 있다. 예를 들어 즐겁고 신나는 일이라는 포괄적 표현보다는 '키스하기', '술 마시기', '내기하기(gambling)' 그리고 가치 있고 의미 있는 일이라는 표현보다는 '고전 읽기', '공부하기', '자원봉사'와 같은 구체적인 활동들을 제시하고, 평소에 이런 활동들을 얼마나 하는지와 향후에 얼마나 하고 싶은지를 측정할 필요가 있었다.

〈인생에 대한 당신의 관점〉

인생은 짧다   인생은 길다

0   100

이를 위해 우리는 위와 같은 척도를 제시하고 자신의 생각과 일치하는 곳에 표시를 하게 하여 인생의 길이에 대한 각자의 생각을 측정했다. 결과는 우리의 가설과 일치했다. 인생이 짧다고 생각하면 할수록 '키스하기'와 '술 마시기' 같은 활동을 평소에 자주한다고 보고했고, 인생이 길다고 생각할수록 '공부'를 하거나 '고전을 자주 읽는다'고 보고했다.

사람들은 즐거움과 의미를 양자택일의 문제로 보는 경향이 있다. 그러나 우리 연구는 이런 이분법적 구분보다는 한 개인 내에서도 경험의 지속 시간에 따라 즐거움과 의미에 대한 선호가 달라질 수 있음을 보여준다. 어떤 사람들이 평균적으로 더 쾌락주의자거나 더 의미주의자인 것은 맞지만, 모든 인간은 때로는 쾌락을 때로는 의미를 추구하는 존재다.

쾌락 추구와 의미 추구가 한 개인 내에서 시간에 따라 역동적으로 결정된다는 사실은, 우리가 추구하는 굿 라이프의 내용이 각자가 생각하는 삶의 길이에 의해 달라질 수 있음을 시사한다.

〈오래하는 일일수록 즐거움보다 의미를 택한다〉

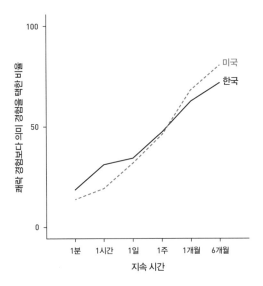

누군가가 인생이란 별거 없으니 먹고 마시고 즐기라고 이야기한다면, 그는 '인생은 짧다'는 생각을 하고 있을 가능성이 크다. 반대로 누군가가 인생이란 소중한 것이니 읽고 쓰고 봉사하라고 조언한다면, 그는 인생은 길다고 생각하고 있을 가능성이 높다.

굿 라이프란 의미와 쾌락을 균형 있게 추구하는 삶이다. 기분 좋은 삶과 의미 있는 삶, 향유하는 삶과 성찰적인 삶은 중첩되는 지점도 많지만 미묘하게 다른 특성을 지니고 있다. 의미의 중요성은 나이와 함께 더 증가하고, 의미는 홀로 있어도 경험된다.

우리가 쾌락과 의미 사이에서 큰 갈등을 겪지 않고 의미형 인간과 재미형 인간을 오가며 균형 있는 선택을 할 수 있는 까닭은 시간의 중재가 있기 때문이다. 신나고 즐거운 일은 당장 하고 싶어 하고, 가치 있고 의미 있는 일은 나중에 하려고 한다.

의미와 쾌락은 양자택일의 문제가 아니다. 모든 인간은 때로는 쾌락을 때로는 의미를 추구하는 존재다.

Chapter 06
–
소명과 성취

행복은 성공을 포기하는 대가가 아니다.
성공과 성취를 행복의 장애물로 보는 시각을 유지하는 한
의미 있는 성취를 통한 유능감, 자부심, 고요함을 경험하기 어렵다.

소명이 있는 삶

존 F. 케네디 대통령이 나사(NASA)를 방문하던 중, 복도에서 한 직원을 만나 그의 업무가 무엇인지를 물었다. 케네디에게 돌아온 그 직원의 대답이다.

I'm helping put a man to the moon.

(저는 인류를 달에 보내는 일을 돕고 있습니다.)

답변의 내용만을 가지고 그의 직업을 추론해본다면, 아마도 천체물리학자거나 엔지니어거나 아니면 컴퓨터 프로그래머가 아닐까? 그러나 뜻밖에도 그 직원은 미화원이었다. 자신이 하고 있는 일을 '벽돌을 쌓고 있다'고 설명한 벽돌공, '돈을 벌고 있다'고 설명한 벽돌공, 마지막으로 '아름다운 성당을 짓고 있다'고 설명한 벽돌공에 관한 이야기의 현대 버전이다.

언제 들어도 감동적인 이야기지만 그런 미화원과 벽돌공이 정말 있을까 하는 의심과 함께, 꼭 그들처럼 살아야만 하는 것인지에 대한 부담감을 떨치기 쉽지 않다. 특히 그런 사람들을 '소명(calling)을 받은 사람'이라는 종교적 뉘앙스로 표현하기 때문에 부담감이 더 가중된다.

과연 자신이 하는 일을 단순한 돈벌이나 커리어의 일부가 아니라 소명이라고 보는 사람들이 실제로 많이 있을까? 그런 사람들은 소명을 발견하기 쉬운 특정 직업군(예를 들어 교사나 성직자)에나 존재하는 것은 아닐까? 어쩌면 그들은 자기 일에 대한 보상과 인정이 턱없이 부족하기 때문에 그로 인한 인지 부조화를 소명 의식이라는 이름으로 해결하려는 것은 아닐까? 자기 합리화는 아닐까? 이런 냉소적 시각들을 잠재운 연구의 시작이 미국 미시간 대학교 심리학과에서 이루어졌다.[1]

지금은 예일 대학의 경영학 교수로 재직 중인 에이미 브제시니에프스키(Amy Wrzesniewski)가 미시간 대학 심리학과 박사 과정에 재학 중일 때 진행한 연구다. 에이미는 대학교 교직원들(학교 보건소 근무자들도 포함되었기 때문에 의사와 간호사 같은 전문직도 있었다)에게 세 가지 유형의 인간형을 제시하고 자신이 각 유형의 사람과 얼마나 닮았는지를 '아주 많이', '어느 정도', '아주 조금', '전혀'의 척도에서 보고하도록 했다. 그녀가 제시한 세 유형 사람들의 특징은 다음과 같았다.

〈A 유형: 자신의 일을 생계를 위한 수단으로 보는 유형〉

- 일하는 주목적은 돈을 벌기 위해서다.

- 경제적 여유가 생긴다면 지금 하고 있는 일은 결코 하지 않을 것이라고 생각한다.

- 일터에서의 시간이 빨리 흐르기를 바라고, 주말과 휴가를 고대한다.

- 다시 태어난다면 지금의 일은 절대 하지 않을 것이라고 다짐한다.

- 자식들에게는 결코 같은 일을 권하지 않는다.

〈B 유형: 자신의 일을 커리어의 과정이라고 보는 유형〉

- 현재 하고 있는 일이 싫지는 않지만 5년 후에도 같은 일을 하고 싶지는 않다고 생각한다.

- 더 높은 지위로 승진하기 위해 지금의 일을 참고 한다.

- 승진이 주된 목표다.

- 지금 하는 일이 때로는 시간 낭비라고 생각되지만, 더 좋은 자리로 가기 위해 참는다.

〈C 유형: 자신의 일을 소명이라고 보는 유형〉

- 지금 하고 있는 일이 자기 삶의 중요한 일부라고 생각한다.

- 비록 돈을 벌기 위해 일하는 면도 없지 않으나, 지금의 일이 자기 정체성을 구성하는 핵심이라고 생각한다.

- 지금 하고 있는 일을 즐긴다.
- 자기가 하고 있는 일이 세상을 더 나은 곳으로 만드는 데 기여한다고 믿는다.
- 자식들에게도 이 일을 권장한다.

이 연구가 발견한 사실은 놀라웠다. 우선 사람들은 큰 어려움 없이 자신을 A유형, B유형, C유형 중 하나로 구분할 줄 알았다. 더 놀라운 사실은 세 유형의 사람들이 골고루 분포했다는 점이다. 자신을 A유형이라고 답하면 지나친 자기 폄하로 보일 수 있고, C유형이라고 답하면 오만과 허세로 보일 수도 있기 때문에, A나 C유형으로 자신을 규정하는 사람들이 많지 않을 것이라고 예상할 수도 있지만, 응답자들은 세 유형에 골고루 분포되어 있었다. 이는 소명 의식을 가지고 있는 사람들(C유형)이 극소수가 아님을 의미한다.

더 중요한 발견은 자신을 C유형과 유사하다고 답할수록, 삶에 대한 만족도가 높을 뿐 아니라 회사에 결근하는 날이 적었다는 사실이다. 자신의 일을 소명이라고 보는 사람들이 행복할 뿐만 아니라 직장에서도 성실하다는 점을 보여주는 결과다.

혹시 이 결과가 월급이 많고 교육 수준이 높은 일부 사람들에게서만 발견되는 현상이 아닌지를 확인하기 위해(연구 참가자들 중에는 의사와 간호사 등 전문직도 있었기 때문에) 연구팀은 응답자들 중 비교적 급여가 낮은 행정 직원 24명만을 따로 분석해봤다. 적은 숫자여서 의미 있는 통계 분석은 어려웠으나 이 집단 사람들에게서 발견한 결과 또한 대동소이했다. 자신의 일을 생계유지의 수단으로 보는 사람들(A유형), 커리어의 중간 단계로 보는 사람들(B유형), 그리고 소명으로 보는 사람들(C유형)이 골고루 존재했고, 그중에서도 C유형의 사람들이 가장 행복했다.

이 연구 결과를 바탕으로 또 하나의 좋은 삶의 요소를 추출할 수 있다. 굿 라이프란 좋은 일을 하며 사는 삶이다. 좋은 일이란 높은 연봉, 좋은 복지, 승진의 기회 등이 보장된 직업만을 의미하지 않는다. 좋은 일이란 직업의 종류와 상관없이, '자신이 누구이며, 어디서 왔고, 어디로 향해 가고 있는지'에 대한 해답을 제공해주는 일이다. 자신의 일이 세상을 더 나은 곳으로 만들고 있다는 의미와 목적을 발견하는 삶, 즉 소명이 이끄는 삶이 굿 라이프다.

성취를 중시하는 삶

행복을 순간의 감정으로만 좁게 이해하게 되면 한 가지 불안이 생겨난다. 바로 행복이 성취 혹은 성공과 무관하거나, 심지어 저해 요인으로 작용할 것이라는 불안이다. 행복이 성공과 성취를 포기해야만 얻을 수 있는 것이라는 이분법적 생각이 만들어내는 불안이다.

행복, 행복한 삶, 그리고 굿 라이프는 정말로 성취와 갈등적 관계에 있는 것일까? 성취가 행복에 부정적 영향을 미칠 수 있는 가능성은 물론 존재한다. 예를 들어, 물질주의적 가치를 위한 성취는 행복에 방해가 될 수 있다. 이는 외재적 가치(일 자체의 즐거움이 아니라 일로 인한 부, 명예, 권력, 명성 같은 보상)만을 목표로 하는 성공이 행복에 방해가 된다는 연구들에 의해 밝혀진 바 있다. 또한 성취를 위해서 인간관계와 시간을 지나치게 희생하는 것도 행복에 장애물이 될 수 있다. 일과 삶의 균형(work-life balance)을 무너뜨리며 얻는 성취가 행복에 독이 될 수 있음도 이미 연구들을 통해 입증된 사실이다. 마지막으로 성취를 위한 지나친 경쟁도 행복에 도움이 되지 않는다. 매사를 남들보다 더 잘하기 위해 노력하는 것은 행복에 장애 요소가 된다.

이런 위험성이 있음에도 불구하고 성취와 성공은 굿 라이프, 특히 의미 있는 삶의 매우 중요한 요소다. 의미 있는 삶은 의미 있는 성취를 필요로 한다. 두 가지 관점에서 이를 살펴볼 수 있다.

첫째, 앞에서 행복에 가장 중요한 인간의 3대 욕구 중 하나로 유능감 욕구를 소개한 바 있다. 유능감 욕구는 자기가 하고 있는 일에서 의미 있는 결과들을 만들어낼 때 충족된다. 의미 있는 결과가 반드시 사회가 인정하는 성공일 필요는 없다. 의미 있는 성취에는 어린아이가 혼자 힘으로 숟가락을 사용할 줄 알게 되는 것, 구구단을 외우는 것, 자신이 키운 나무에서 꽃이 피는 것을 경험하는 것, 다이어트에 성공하는 것, 새벽에 일찍 일어나는 것 등 매우 사적이고 일상적인 것들이 포함된다. 앞에서 소개한 개인 프로젝트에서의 성취가 의미 있는 성취다.

둘째, 의미 경험이 굿 라이프의 중요한 요소라는 점은, 1부에서 소개한 PANAS를 살펴봐도 분명해진다. PANAS에는 '자랑스러운(proud)'이라는 긍정 정서가 포함되어 있다. 자랑스러운 감정, 즉 자부심이란 사회가 인정하고 자신이 의미를 부여하는 일에서 성취를 이루었을 때 경험되는 뿌듯한 감정을 말한다. 이는 자만심과 구분되는 감정으로서 의미 있는 성취를 전제로 한다.

PANAS에는 비록 포함되어 있지 않지만 '고요함(serenity)'이라는 감정에도 주목할 필요가 있다. 고요함은 다양한 모습을 지니고 있다. 새벽 숲속에서 경험하는 고요함도 있지만, 중요한 일을 성공적으로 끝낸 후에 찾아오는 고요함도 있다. 1년 동안 혼신의 힘을 다해 준비한 연주를 마치고 대기실 의자에 털썩 앉았을 때 그 순간의 끝자락에 찾아오는 고요함도 있다. 밤이 늦도록 글을 쓴 작가가 잠시 동네를 산책할 때 느끼는 고요함도 있다. 이런 유의 고요함은 의미 있는 무언가를 이루었을 때 경험된다.

행복을 성취와 별개 혹은 대립되는 것으로 보는 이유는 우리가 행복한 상태에 대해서 지나치게 좁게 이해한 나머지 자부심이나 고요함 같은 감정들을 행복과 거리가 먼 것으로 보고 있기 때문이다.

의미 있는 성취의 끝에 찾아오는 자부심과 고요함, 그리고 그로 인해 충족되는 유능감은 행복에 매우 핵심적인 요소다. 행복과 성취는 양립 가능한 개념일 뿐만 아니라 서로가 서로를 유발하기도 한다. 다수의 연구에 따르면 성취가 행복을 유발하고, 행복이 다시 성취를 유발하는 선순환적 구조가 존재한다. 긍정 정서의 혜택에 관한 바버라 프레드릭슨의 '확장 구축 이론(broaden-and-build theory)'은 행복이 성취에 미치는 효과들을 잘 보여준다.[2] 확장 구축 이론이란 긍정 정서 상태가 인간의 삶에 가져오는 혜택을 설명하는 이론으로서, 긍정 정서는 삶을 바라보는 우리의 관점을 확장시켜주고 삶을 성공적으로 살아가는데 도움이 되는 자원인 건강, 관계, 수명, 창의성 등을 구축해준다고 주장한다.

목표가 있는 삶

소명과 성취는 목표를 전제로 한다. 의미 있는 목표를 성취하고, 그 목표가 자신의 소명이 되는 삶이 의미 있는 삶의 핵심이다. 그런데 어느 순간부터 소명, 성취, 목표라는 단어가 기피의 대상이 되어버렸다. 행복을 위해 추구해야 할 대상이 아니라 행복을 위해 경계해야 할 대상으로 자리 잡게 된 것이다.

어쩌다 소명과 성취, 목표라는 단어는 천덕꾸러기가 된 것일까? 어쩌다 우리 사회는 목표를 중시하는 사람들을 삶의 진정한 가치를 모른 채 무의미한 노동을 되풀이하는 시시포스로 치부하게 되었을까? 어쩌다 우리는 목표를 포기해야만 행복이 찾아오리라고 생각하게 되었을까? 마르지 않는 행복의 원천이라고 칭송받던 '목표'가 워라밸을 위협하는 흉물스러운 존재로 전락하게 된 데는 목표에 대한 우리의 오해가 큰 역할을 했다.

몇 년 전 어떤 분에게서 항의성 이메일을 받은 적이 있다. 행복에 관한 저자의 강연을 동영상으로 접한 후에 보내온 이메일이었다. 이메일 곳곳에 원망과 항의, 그리고 울분이 배어 있어서 적잖이 당황스러웠다. 사연은 이랬다.

그 강연에서 저자는 행복에 관해 우리가 가진 프레임이 지나치게 협소한 까닭에 행복을 맛있는 것을 먹을 때의 즐거움 정도로만 이해하는 경향이 있음을 지적하고, 어떤 대상에 대해 지속적인 관심을 갖거나 호기심으로 충만한 상태 역시 행복이며, 그런 관심과 호기심에 기초하여 의미 있는 목표를 달성하기 위해 노력하는 것도 필요함을 제안했다.

그러나 저자에게 이메일을 보낸 분의 이해는 달랐다. 그분은 대한민국의 불행의 주범이 바로 목표 지상주의이며, 목표 지상주의가 우리 사회를 피로 사회로 만들었다고 항변하면서, 어떻게 행복의 수단으로 목표를 강조할 수 있느냐며 강하게 항의했다. 취미나 관심사를 뜻하는 '개인적 관심(personal interest)'을, 스펙 쌓기와 물질적 성공을 강조한 것으로 오해한 나머지 보내온 이메일이었다.

과도한 목표 지상주의는 그분의 지적처럼 행복의 장애물이다. 국가의 평균 노동시간이 길수록 국민의 평균 행복은 줄어든다는 연구 결과가 명백하게 존재하는 상황에서 더 열심히 일하는 것이 행복의 해법이 될 수 없음은 너무나 분명하다. 그러나 목표 지상주의에 대한 경계가 목표에 대한 일방적인 부정으로 이어지는 것은 벼룩을 잡기 위해 초가삼간 전체를 태우는 것과 같다.

실제로 사람들에게 행복이 무엇인지 물으면 가장 자주 등장하는 답이 자신의 꿈, 비전, 소망, 그리고 목표를 이루는 것이다.

반대로 불행한 이유를 물으면 '꿈을 잃었기 때문', '목표가 좌절되었기 때문', '더 이상 소망이 없기 때문'이라고 답한다. 개인의 행복 수준은 그 개인의 소망과 필요, 그리고 목표가 달성된 정도에 의해서 결정된다는 많은 연구 결과도 이를 뒷받침한다. 또한 행복은 행복을 추구하려는 강박적 목표를 가지고 노력할 때가 아니라 자신에게 의미 있는 목표를 달성했을 때 그 부산물로 경험된다는 점을 보여주는 연구들도 존재한다. 행복 연구에서 목표를 행복의 '원천(wellspring)'이라고 부르는 이유다.

그런데 도대체 왜, 우리는 목표에 대해 알레르기성 거부 반응을 보이게 되었을까? 어쩌다 우리는 아무런 목표 없이 사는 것이 행복이라는 위험한 생각을 갖게 되었을까? 가장 큰 이유는 목표를 지나치게 협소하게 이해하기 때문이다.

목표에는 국가 발전에 기여하는 것, 신의 영광을 위해 사는 것, 가문을 빛내는 것 등과 같은 큰 목표도 있지만, 아이에게 한글을 가르치는 것, 아침에 일찍 일어나는 것, 충동구매를 하지 않는 것과 같은 일상적이고 소소한 목표도 존재한다. 행복을 결정하는 것은 목표의 크기가 아니라 목표의 개인적 의미다. 아무리 사회적으로 중요한 일일지라도 개인에게 의미가 없다면 중요한 목표가 될 수 없다.

우리에게 중요한 것은 개인적 목표다. 그동안 우리 사회가 개인적 목표보다는 집단적 목표만을 가치 있는 것으로 간주하고 대아를 위해 소아를 희생하는 것을 이상으로 여겨왔기 때문에 우리에게 목표란 늘 부담스러운 존재일 수밖에 없었다. 우리 아이 반의 축구 경기보다는 국가대표 축구팀의 경기가 늘 더 중요했었다. 그런데 살아보니 과연 그러한가?

체중 조절을 위해 간식을 먹지 않기, 주말에 가족들과 시간을 보내기, 처음 보는 사람에게 먼저 인사하기, 타인을 있는 그대로의 모습으로 수용하기, 물질주의적인 사람이 되지 않기 등등 개인적 목표는 비록 우리의 연봉을 올리거나 국가적 난제를 해결하는 데 큰 도움이 되지 않을지라도 우리 삶에 규칙과 질서를 제공하고 무엇보다 삶의 의미를 제공해준다. 우리 자신의 내면에 귀를 기울이기보다 타인의 기대에 귀를 기울이며 살아오다 보니 정작 중요한 개인적 목표가 사라진 것이다.

목표는 결코 포기할 수 없는 행복의 조건이다. 남의 목표가 아니라 자신의 목표를 발견해야 한다. 무엇보다 목표의 일상성을 회복해야 한다. 특별하고 거대한 것들만이 목표라고 생각한다면, 그래서 목표 지상주의에 대한 경계라는 이름으로 작고 소중한 목표들을 등한시한다면, 자신만의 행복 수원지(水源池)를 스스로 메우고 있는 것이다.

목표는 활주로와 같다. 그것이 없다면 삶은 충돌의 연속일 뿐이다.

자기를 절제하는 삶

사람을 선발하는 일을 해본 사람들이라면 좋은 사람을 선발해서 적재적소에 배치하는 것이 얼마나 중요한 일인지를 잘 알고 있을 것이다. 확신을 갖고 선발했던 사람이 실패하거나 배신하거나 혹은 중도 포기하는 경우를 겪어본 사람들은 더욱 그렇다. 도대체 어떤 특성을 알면 그 사람이 이루어낼 성취의 정도를 정확하게 미리 예측할 수 있을까? 어떤 특성을 갖춘 사람과 관계를 맺어야 평생 신뢰 관계를 유지할 수 있을까?

인류는 이 질문에 답하기 위해 관상을 보거나 손금을 보거나 별자리를 보아왔다. 성취를 예측해주는 요인을 찾기 위한 인류의 노력이 획기적인 전환점을 맞이한 계기는 IQ 검사의 개발이었다. 지적 능력이라고 부를 수 있는 어떤 능력의 실체가 존재하고, 그 실체는 IQ 점수로 계량화될 수 있을 뿐만 아니라 놀라울 정도로 정확하게 한 개인의 성취를 예측해줄 수 있다는 것이 지난 100여 년 사이에 심리학과 교육학이 발견해낸 사실이다. 인류에게 가장 큰 영향을 준 심리학 개념 중 하나로 IQ(Intelligence Quotient, 지능지수)를 꼽는 것도 이 때문이다.

그러나 IQ가 높다고 해서 모두가 성공하는 것은 아니라는 점이 연구를 통해 분명해졌고, 일반인들도 스쿨 스마트(school smart)와 스트리트 스마트(street smart)가 다르다는 점을 경험을 통해 알게 되었다. 이후로 다양한 개념이 IQ의 대안으로 혹은 보완재로 등장했는데, EQ(Emotional Quotient, 감성지수)가 그중 하나다.

그러나 그 어떤 것보다 강력한 대안으로 등장한 것이 있는데 바로 자기통제(self-control)라는 개념이다. 최근에 등장한 그릿(Grit)이라는 용어도 자기통제와 유사한 개념이다. 마시멜로 실험을 통해 그 중요성이 부각된 자기통제(장기적인 목표 달성을 위해 단기적인 유혹을 이겨내는 힘)라는 개념은 지능과 더불어 인간의 성취에 가장 중요한 요소로 인정되기에 이르렀다. 심리학자 로이 F. 바우마이스터(Roy F. Baumeister)는 그의 저서 『의지력의 재발견(Willpower)』에서 지능과 자기통제야말로 인간 성취의 양대 근원임을 주장했다.[3]

그러나 엄격한 자기통제를 하는 사람들에 대해서 인간적인 모습은 전혀 없이 기계처럼 일만 한다는 비판이 제기되기 시작했다. 더 나아가 『정서적 성공(Emotional Success)』을 저술한 심리학자 데이비드 데스테노(David DeSteno)는 '감사', '공감', '자부심'과 같은 긍정 정서가 성취의 진정한 원동력이라고 주장했다.[4]

이뿐 아니라 긍정 정서의 효과에 관한 연구들을 총 정리한 기념비적인 논문 「긍정 정서의 혜택: 행복은 성공으로 이어지는

가?(The Benefits of Frequent Positive Affect: Does Happiness Lead to Success?)」에서 심리학자 소냐 류보머스키(Sonja Lyubomir-sky), 에드 디너(Ed Diener), 그리고 로라 킹(Laura King)은 긍정 정서를 자주 경험하는 사람들이 건강, 학업, 인간관계, 직장 등 삶의 다양한 영역에서 더 많은 성취를 이룬다는 점을 밝혀냈다.[5] 긍정 정서가 성취의 부산물이 아니라, 오히려 성취를 가져오는 선행 변인이 될 수 있다는 점을 보여준 것이다.

이런 일련의 연구는 우리의 성공 방정식에 '긍정 정서'라는 또 하나의 변수를 추가하게 만들었다. 즉 누군가의 성취를 예측하고 싶다면 그 사람의 지능(Intelligence), 자기통제(Self-control), 그리고 긍정 정서(Positivity), 이 세 가지의 점수를 측정하면 된다는 인식이 생겨난 것이다(저자는 이 셋의 첫 알파벳을 따서 '사이PSI'라고 부른다).

〈PSI 성취 방정식〉

지능×자기통제×긍정 정서=성취

성취 방정식에 이 세 개의 유력 변수들이 포함되자 그중에 무엇의 힘이 더 센지를 밝히고자 하는 열망 또한 강해졌다. 이전에는 지능과 자기통제의 힘을 대결시켜보려는 노력들이 진행되었다. 예를 들어 초등학생 대상의 한 연구에서, 학업 성취에는 지능보다 자기통제의 힘이 더 강하다는 점이 발견되었다. 그러나 이 대결이 큰 흥미를 끌지 못했던 이유는, 자기통제는 훈련과 상황적 개입을 통해 개선될 여지가 강하지만, 지능은 애초부터 개선의 여지가 크지 않기 때문이었다.

물론 인종과 지능 간의 관계에 대한 연구를 통해서 지능이 일정 부분 사회적·문화적 산물이라는 점이 밝혀지기는 했지만, 개인 수준에서 한 개인의 지능을 획기적으로 높여줄 신뢰할 만한 방법은 아직 찾지 못한 상태다. 따라서 지능과 자기통제를 대결시킨다고 하더라도 지능의 개선 가능성이 애초부터 크지 않기 때문에, 그 대결의 결과에 따른 실천적 함의는 부족할 수밖에 없는 것이 사실이다.

그런 의미에서 새롭게 요구되는 대결은 '자기통제와 긍정성의 대결'이다. 두 가지 모두 지능보다는 개선의 여지가 크기 때문에, 둘 사이의 대결이 주는 실천적 메시지는 분명하다. 그러나 긍정성이 성취의 유력한 원인이라는 점이 밝혀진 것이 비교적 최근의 일이기 때문에, 긍정성과 자기통제를 대결시키는 연구는 거의 진행되지 않았다.

우리 연구팀은 이 점에 주목하고 긍정 정서와 자기통제를 비교하는 일련의 연구를 진행하기로 했다.[6] 우리는 긍정 정서와 자기통제 간의 총 다섯 번의 대결 기회를 마련했다. 모든 대결에서 우리는 연구 참가자들의 자기통제 점수와 긍정 정서 점수를 측정했다. 자기통제를 측정하기 위해서 '나는 유혹을 잘 이겨낸다', '나쁜 습관을 버리기가 어렵다'(역점수 적용), '나는 정리정돈을 잘한다'와 같은 36개 문항들로 구성된 척도를 사용했다. 자기통제를 측정하기 위해 심리학에서 가장 자주 사용되는 도구다.

참가자들의 긍정 정서 수준을 측정하기 위해서는 이미 소개한 바 있는 PANAS 척도를 사용했다. 긍정 정서 열 개와 부정 정서 열 개로 구성된 이 도구는 한 개인이 평소에 경험하는 긍정 정서 수준을 부정 정서 수준과의 비율을 이용하여 점수화해준다. 참가자들의 의미 있는 성취를 측정하기 위해 우리는 총 다섯 번의 연구를 통해 다양한 집단(한국인, 미국인, 대학생, 중학생, 성인)의 다양한 성취 영역(학업, 인간관계, 건강, 직장)을 측정했다.

우선 첫 번째 연구에서는 100명의 서울대학교 학생을 대상으로 그들의 학점(학업 성취)과 친한 친구의 수(인간관계 성취)를 측정하여 긍정 정서와 자기통제 중 무엇이 더 중요한지를 분석했다. 결과는 매우 흥미로웠다. 먼저 분명히 할 점은 긍정 정서와 자기통제, 둘 다 학업과 친구 관계에 중요했다는 사실이다. 그럼에도 불구하고 학업에서는 긍정 정서의 힘보다는 자기통제의 힘이 더 강했고, 친한 친구의 수에서는 자기통제보다는 긍정 정서의 힘이 더 강했다. 긍정 정서와 자기통제 중 어느 하나가 두 분야 모두에서 더 중요한 것이 아니라, 각자가 중요하게 작동하는 성취 영역이 다르게 나타난 것이다.

- 학업 : 긍정 정서 〈 자기통제
- 친구 관계 : 긍정 정서 〉 자기통제

이 결과가 혹시라도 서울대학교 학생이라는 다소 특수한 집단에만 국한되는 것은 아닌지 확인해보기 위해 우리는 총 358명의 중학교 학생들을 대상으로 같은 연구를 반복했다. 결과는 놀라울 정도로 동일했다. 중학생들의 성적도 서울대 학생들의 성적과 마찬가지로 긍정 정서보다는 자기통제와 더 연관이 깊고, 친한 친구의 수 역시 자기통제보다는 긍정 정서와 더 관계가 큰 것으로 나타났다.

그렇다면 성인들의 경우는 어떨까? 성인들의 성취를 보기 위해 우리는 참가자들의 연봉과 회사 내에서 경험하는 번아웃(burn-out) 정도를 측정했다. 인간관계의 성취를 보기 위해서는 친한 친구의 수와 함께 관계 만족도를 측정했다. 이 연구의 결과 역시 놀라울 정도로 동일했다. 직장인들의 연봉과 번아웃 정도는 긍정 정서보다는 자기통제가, 친한 친구의 수와 관계 만족도는 자기통제보다는 긍정 정서가 훨씬 더 잘 예측해주는 것으로 나타났다. 우리는 연구의 일반화를 위해 미국 성인들을 대상으로도 같은 연구를 진행했으나 결과는 동일했다. 한국인이든 미국인이든 직업적 성취는 자기통제가, 인간관계의 성취는 긍정 정서가 더 잘 설명하는 것으로 밝혀졌다.

- 직장인의 연봉과 번아웃 정도 : 긍정 정서 〈 자기통제
- 직장인의 친구 수와 관계 만족도 : 긍정 정서 〉 자기통제

이 결과들은 긍정 정서와 자기통제가 각기 우위를 점하는 삶의 영역이 존재하기 때문에, 어느 하나가 다른 하나보다 항상 더 중요하다는 결론을 내리기 어렵다는 사실을 의미한다. 자기통제는 학업과 직장 내 성취와, 긍정 정서는 인간관계에서의 성취와 강한 관련을 맺고 있었던 것이다.

이쯤에서 조금이라도 연구 경험이 있는 분들이라면, 네 번의 대결 모두가 인과관계를 확인하기 어려운 상관 연구를 통해 이루어졌다는 점을 눈치챘을 것이다. 연구들이 상관관계를 보는 것이었기 때문에 자기통제감이 높은 학점을 가져온 것인지, 높은 학점이 강한 자기통제를 가져온 것인지 알 수가 없다. 같은 원리로, 긍정 정서가 강한 사람들이 친한 친구가 많은지, 친한 친구가 많기 때문에 긍정 정서가 강한지 구분하기가 어렵다.

정말로 자기통제가 학업적 성취를 가져오는 원인이고, 긍정 정서가 친한 친구의 수를 늘리는 원인임을 증명하기 위해서는 또 다른 연구가 필요하다. 실험을 하기에는 현실적, 그리고 윤리

적 제약이 많기 때문에 우리는 종단 연구(longitudinal study) 기법을 사용하여 인과관계를 밝혀보고자 노력했다. 종단 연구란 동일한 참가자 집단을 일정 시간이 흐른 후에 반복 조사하는 연구다. 만일 자기통제가 학업 성취의 원인이고 긍정 정서가 인간관계 성취의 원인이라면, 한 시점에서 측정한 자기통제와 긍정 정서가 이후 시점에서 측정한 학업 성취와 친한 친구의 수를 예측할 수 있을 것이다.

이를 위해 우리는 총 285명의 대학 신입생들을 6개월 간격으로 반복 조사했다. 분석 결과, 우리는 상관 연구들에서 도출한 결과와 일치하는 결과를 얻을 수 있었다. 다시 말해 학기 초에 측정한 자기통제와 긍정 정서가, 6개월 후에 측정한 학업 성취와 인간관계 성취 정도를 각각 잘 예측한다는 점을 발견한 것이다.

긍정적 기분 상태를 유지하는 것이 만병통치약인 것처럼 오해되고 있다. 긍정에 대한 맹신이 긍정교(敎) 수준으로까지 치닫고 있고, 행복 전도사라는 용어도 스스럼없이 사용되고 있다. 기질적으로 긍정 정서를 덜 경험하는 내향적인 사람들이나 신경증 성향이 높은 사람들은 마치 원죄(原罪)를 가진 양 위축되기에 이르렀다. 그러나 우리 연구가 분명하게 보여주듯이 부정 정서보다 긍정 정서를 더 많이 느끼는 것이 바람직한 상태인 것은 맞지만, 학업과 직장 내에서의 성취를 위해서는 쾌(快)의 상태보다는 눈앞의 유혹을 이겨내는 자기통제 능력이 훨씬 중요하다.

우리 삶에는 긍정적 기분 못지않게 중요한 것이 많이 있다. 의미가 대표적이다. 즐거운 삶과 의미 있는 삶이 제공하는 혜택이 다르다는 점을 시사하는 우리 연구는 즐거운 삶과 의미 있는 삶의 균형이 중요함을 다시 한번 알려준다.

삶의 4대 의미: 일, 사랑, 영혼, 초월

인간은 지구상에서 유일하게 의미를 추구하는 동물이다. 인간만이 자신의 '삶'을 이해하고자 애쓰며, 더 나은 '삶'을 만들어가려고 노력하는 유일한 존재다. 인간도 다른 동물들처럼 순간의 쾌감을 즐기지만, 인간만이, 오직 인간만이 '삶'을 살아간다. 따라서 인간이 추구하는 의미를 이해하지 않으면 인간의 삶을 이해하는 것은 불가능하다.

인간이 어떤 의미를 추구하는지를 알기 위해서는 인간 의식의 내용(contents of consciousness)을 들여다보아야 한다. 우리의 의식은 무엇을 먹을까, 무엇을 입을까, 어디서 만날까와 같은 지극히 일상적인 내용들에서부터 빈곤은 왜 사라지지 않을까, 왜 자국우선주의가 팽배하게 될까, 인간의 목적은 행복인가와 같은 추상적이고 보편적인 내용들에 이르기까지 그 스펙트럼이 다양하다.

　이런 다양한 스펙트럼의 내용들을 주제별로 분류한 학자들에 따르면, 인간 의식의 내용은 크게 네 가지 영역으로 나눌 수 있다. 물론 지극히 사적인 내용들은 배제되었다. 이를 'Big 4'라고 하며, 각각의 앞 글자를 따서 WIST라고 부른다.[7]

〈인간의 4가지 의식: WIST〉

　1) 일(Work)

　2) 사랑(Intimacy)

　3) 영혼(Spirituality)

　4) 초월(Transcendence)

　위의 네 가지는 인간의 의식을 지배하는 가장 강력한 주제들이다. 인간은 이 네 영역에서 각자가 추구하는 목표를 이루기 위해 살아간다. 심리학 연구들은 이 네 가지 영역에서 목표를 달성하는 사람들이 정신적으로 건강할 뿐 아니라 신체적으로도 건강하다는 점을 반복적으로 보여주고 있다. 이 네 가지 영역에 대한 관심이 전혀 없고 오직 물질주의적 목표, 쾌락적 목표, 그리고 순간적인 목표에만 탐닉하는 사람들은 신학자 폴 틸리히(Paul Tillich)의 주장처럼 '실존의 절망(existential disappointment)'에 맞닥뜨릴 수밖에 없다.

'삶'을 추구하지 않고, '순간'만 탐닉하는 자기에 대한 실망과 환멸이 실존의 절망이다. '내가 겨우 이런 존재밖에 되지 않는 가?'라는 절망감을 경험해보았다면 실존의 절망을 느껴본 것이다. 실존의 절망을 느껴본 사람들은 그 절망이 자신에게 삶의 목적이 결핍되어 있었기 때문이라는 점도 이미 느꼈을 것이다.

일을 통해 의미 있는 성취를 경험하려는 행위는 실존적 용기를 필요로 한다. 의미 있는 목표를 세우고 그 목표를 이루기 위해 정진하는 삶, 목표를 이루는 과정에서 맞닥뜨리는 수많은 도전 앞에서 실망하고 좌절하지만 결국에는 이겨내려는 용기와 기백, 그리고 그 일이 자신만의 영달을 위한 것이 아니라 세상을 더 나은 곳으로 만든다는 소명을 발견하는 기쁨. 이런 목표가 우리를 굿 라이프로 인도한다.

사랑은 단순히 이성 간의 애정만을 의미하지 않는다. 주변 사람을 신뢰하고 그들과 친밀한 관계를 유지하는 삶, 타인에게 베푸는 삶, 타인에게 친절한 삶, 궁극적으로 인류 보편에 대한 자애심을 품으며 사는 삶까지를 포함한다. 사랑에 대한 이런 목표를 가지고 사는 삶이 좋은 삶이다.

영혼에 대한 관심은 단순히 종교를 갖는 것만을 의미하지 않는다. 신과 친밀히 관계하는 것, 초월적 존재를 의식하며 살아가는 것, 영적인 삶을 사는 사람들과 공동체를 이루며 사는 것, 그리고 우주의 기원과 질서에 대하여 경외감을 갖고 사는 것까지를 포함한다. 한마디로 성스러운 것(the sacred) 자체에 대한 예민한 의식을 가지고 사는 삶이다.

초월에 대한 관심이란 의식의 중심에서 자신을 끌어내리는 것이다. 의식의 중심에서 현재를 끌어내리는 것이다. 타인에 대한 관심, 공동체에 대한 관심, 미래 세대에 대한 관심, 그리고 궁극적으로 자신의 삶을 통해 후대에 어떤 유산(legacy)을 남길 것인가에 대한 관심을 의미한다. 오직 자기에만 집착하여 자기라는 우상을 섬기며 살지 않는 삶이 좋은 삶이다.

의미 있는 삶이란 삶의 이 네 가지 영역을 의식하며 사는 삶이다. 일, 사랑, 영혼, 초월에 대한 목표를 갖고 살 때 의미는 자연스럽게 따라온다. 의미는 의미 자체를 강박적으로 추구할 때 경험되는 것이 아니라, 자기에게 중요한 목표들을 이루기 위해 노력하는 과정의 끝자락에서 자연스럽게 경험되는 것이다. 의미 있는 삶은 의미를 경험해야 한다는 결심을 되풀이하는 행위가 아니라 일, 사랑, 영혼, 초월의 목표를 달성하기 위해 오늘도 묵묵히 일상을 충실히 살아가는 것에서부터 시작한다.

굿 라이프란 좋은 일을 하며 사는 삶이다. 좋은 일이란 높은 연봉, 좋은 복지, 승진의 기회가 보장된 직업만을 의미하지 않는다. 좋은 일이란 직업의 종류와 상관없이 자신이 누구이며, 어디서 왔고, 어디로 향하고 있는지 해답을 제공해주는 일이다. 세상을 더 나은 곳으로 만들고 있다는 의미와 목적을 발견하는 삶, 즉 소명이 이끄는 삶이 굿 라이프다.

행복은 성공을 포기하는 대가가 아니다. 성공과 성취를 행복의 장애물로 보는 이분법적 시각을 유지하는 한, 의미 있는 성취를 통한 유능감과 자부심, 그리고 고요함을 경험하기 어렵다. 성공해야만 행복하다는 성공 지상주의도 경계해야 하지만, 성공을 포기해야만 행복하다는 반(反)성공주의도 경계해야 한다.

Part 03
-
품격 있는 삶

The Classy Life

아리스토텔레스는 『니코마코스 윤리학(Nichomachean Ethics)』에서 행복에 이르는 최고의 수단으로 덕스러움을 제안했다. 쾌락주의자라고 알려진 에피쿠로스 철학자들도 정직하고 정의롭게 살지 않으면 삶을 즐길 수 없다는 주장을 통해 역시 덕스러움을 강조한 바 있다. 덕(德)과 행복에 관한 이런 철학적 주장들은 현대 심리학의 실증적인 연구들을 통해서도 사실임이 점점 밝혀지고 있다. 특히 중요한 덕목인 '이타성'과 '친사회성'에 관한 연구들은, 덕이 행복과 밀접한 관계를 맺고 있는 것을 넘어서서 행복을 유발하는 인과적 역할을 한다는 점을 밝혀냈다. 한 예로 자신보다 타인을 위해 돈을 쓰는 것이 행복 효과가 크다는 점을 밝혀낸 연구도 있다.[1]

타인에게 도움 주기, 자원봉사, 그리고 기부는 개인의 행복뿐 아니라 국가 수준의 행복에도 매우 중요한 역할을 하는 것으로 밝혀졌다. 이 세 가지를 합쳐 나눔 지표(Giving index)를 만들어 이 지표와 각국 행복 지수의 관계를 분석하면, 둘 사이에 정적(+) 상관이 나타난다. 다시 말해, 나누고 베푸는 문화가 일상이

된 나라에서 사는 국민들의 행복감이 높다.

　그러나 덕스러운 삶을 굿 라이프의 중요 요소로 포함시키려는 노력에 대한 반론도 만만치 않다. 가장 강력한 도전은 덕을 강조하는 시도가 지나치게 엘리트주의적이며 규범적이라는 주장이다. 개인이 자신의 삶에 만족하고 유쾌한 감정을 충분히 느낀다면 그가 비록 덕스러운 삶을 살고 있지는 않더라도 그걸로 충분하다는 반론이다. 덕스러운 삶의 가치를 부정한다기보다는 덕스러운 삶이 좋은 삶의 필수 조건이어야 한다는 주장에 대한 문제 제기다. 이런 반론에는 덕과 행복은 독립적이며 때로는 서로 갈등 관계에 놓일 수 있다는 생각도 반영되어 있다. 다시 말해 덕스러운 삶을 살기 위해서는 행복을 포기해야 한다는 염려가 섞여 있는 것이다.

　이와 같은 문제 제기는 개인의 삶에 대한 외부의 개입을 어느 정도로 허용할 것인가의 문제와도 직결된다. 덕은 쾌족(快足)에 비해 상대적으로 덜 주관적이기 때문에, 제3자가 타인의 삶에 대해 '덕스럽다' 혹은 '덕스럽지 않다'고 판단할 여지가 많다. 심지어는 국가가 그런 판단을 내리고 개인의 삶에 개입할 가능성도 배제할 수 없다. 그러나 이는 행복의 주관성을 근본적으로 부정하는 것이기 때문에, 행복의 주관성을 강조하는 사람들로서는 받아들이기 어려운 주장이다.

　그렇다면 덕스러운 삶을 포기하지 않으면서도 행복의 주관성을 유지할 수 있는 해결책은 없을까? 이 점에 대한 철학자 로 절린드 허스트하우스(Rosalind Hursthouse)의 주장은 다소 과격하다. 그는 덕스러운 삶이 좋은 삶을 위한 '유일한 수단(the only reliable bet)'이라고 강하게 주장한다.[2] 그러나 덕스럽지 못한 행위가 쾌감을 주는 경우도 있기 때문에, 허스트하우스의 주장을 있는 그대로 받아들이기는 쉽지 않다. 그럼에도 불구하고 최근 심리학 연구들이 다양한 형태의 덕이 행복과 관련 있음을 보여주고 있기 때문에, 덕스러운 삶이 좋은 삶의 유일한 수단이라고는 할 수 없더라도 좋은 삶을 위해 덕스러운 삶을 살라고 추천할 수는 있다.

　노골적이지 않게 덕스러운 삶을 추천하고자 하는 이 입장은 『넛지(Nudge)』의 기본 전제인 '자유주의적 개입(libertarian paternalism)'과 유사하다. 자유주의적 개입은 행위자의 자유를 최대한 보장하면서 (즉 자신의 자유가 침해당하고 있다는 느낌을 최대한 주지 않으면서) 행위자가 자신의 행복을 위한 선택을 할 수 있도록 개입하는 것을 의미한다.

　『굿 라이프』의 입장도 이와 같다. 덕이 있는 삶을 살아야 한다고 강요하는 것이 아니라, 덕이 있는 삶을 사는 것이 좋은 삶에 유리하다고 제안하는 정도의 입장이다. 이는 창밖의 멋진 풍경은 아랑곳하지 않고 차 안에서 게임에만 몰두하고 있는 자녀들에게 "게임 좀 그만하고 경치를 봤으면 좋겠어"라고 권하는 부모의 심정과 같은 것이다.

한 걸음 더 나아가서 행복은 모든 가치를 뛰어넘는 최상의 가치일까라는 질문을 던져보면, 덕스러운 삶의 필요성을 더 실감하게 된다. 타인의 행복을 침해하면서까지 자신의 행복을 추구하는 것이 정당화될 수 있을까? 극단적인 행복 지상주의자가 아닌 이상 YES라고 답하는 사람은 드물 것이다. 우리가 추구하는 행복은 타인의 행복을 침해하지 않을뿐더러, 나아가 타인의 행복을 돕는 행복이어야 한다. 타인을 위한 자기희생의 삶을 강요하는 것이 아니라, 타인의 삶을 진심으로 존중하고 아끼면서 자신의 행복을 추구하는 것이 필요하다는 주장이다.

인간의 최고 덕목 중 하나가 타인의 행복을 존중하는 것이라고 보면, 덕스러운 삶을 굿 라이프의 핵심 요소로 끌어안아야 하는 점이 더 분명해진다.

3부에서 덕스러운 삶이라는 표현 대신에 품격 있는 삶이라는 표현을 사용하려는 이유는 세 가지다. 첫째, 여전히 '덕'이라는 표현에 도덕주의적이고 엘리트주의적인 뉘앙스가 있기 때문이다. 굿 라이프라는 이름으로 또 다른 숙제를 부여함으로써 사람들에게 오히려 힘든 삶을 제안하게 될 수도 있다는 염려를 하지 않을 수 없다.

두 번째, 이타성이나 친사회성과 행복에 관한 연구가 많이 진행되어온 것은 사실이지만, 다른 덕목들과 행복에 관한 연구는 아직까지 부족한 편이다. 따라서 덕과 행복에 관한 일반적인 결론을 내리기가 아직은 쉽지 않다. 정직하게 사는 것, 공평하게 사는 것, 은혜를 갚는 것, 법과 질서를 지키는 것 등 다른 많은 덕목과 행복의 관계에 대해서 신뢰할 만한 결론을 내리기 위해서는 앞으로 더 많은 연구가 진행되어야 한다.

이 두 가지보다 더 근본적인 이유는 심리학이 인간에 대해서 가르쳐주고 있는 사실들이 인간의 품격이라는 표현으로 더 잘 전달될 수 있기 때문이다. 심리학이 밝혀낸 인간의 많은 오류와 실수가 행복에 큰 영향을 주지 않는다고 하더라도, 그런 실수와 오류를 줄이기 위해 노력하는 것 자체는 품격 있는 행위다.

예를 들어, 자기의 행동과 타인의 행동을 같은 원칙으로 설명하는 것('내가 늦은 이유는 차가 막혔기 때문이고, 다른 사람이 늦은 이유는 책임감이 없기 때문'이라고 생각하지 않는 것), 착한 사람을 공격하지 않는 것('괜히 기부를 많이 해서 우리 모두를 바보로 만들었어'라며 선한 사람을 비난하지 않는 것), 그리고 냉소적이지 않은 태도('알고 보면 다 꿍꿍이속이 있을 거야'라며 저의를 의심하지 않는 것) 등이다.

이런 생각과 태도를 품고 살아가는 삶은 아이스크림을 먹을 때와 같은 행복을 주지는 않을지라도, 그 자체로서 품격 있는 삶이다. 우리의 굿 라이프는 그런 품격 있는 삶을 통해 완성된다.

3부에서는 윤리와 도덕의 관점에서 덕스러운 삶이 아니라 생각과 태도의 관점에서 품격 있는 삶을 다루어보고자 한다. 이를 위해 품격 있는 삶을 주제로 그간 써왔던 칼럼들을 중심으로 3부를 구성했다. 생각과 태도에 격(格)을 더하려는 성찰적 행복의 필요성이 잘 전달되었으면 한다.

1. 자기중심성을 극복하기 위해 노력하는 삶

부자들은 남들도 부자인 줄 안다.[3] 그래서 밥이 없으면 빵을 먹으라고, 빵이 없으면 케이크를 먹으라고 친절하게 조언한다. 체력이 좋은 사람들은 남들도 체력이 좋은 줄 안다. 그래서 쉽게 피곤해하는 사람을 이해하지 못한다. 의지가 박약하기 때문이라고 면박을 주기도 한다. 나이 들어가는 것이 좋은 이유는 이들이 비로소 체력이 안 좋은 사람을 이해할 수 있게 되기 때문이다. 병을 공유해야만 심정을 공유할 수 있는 법이다. 코카콜라를 좋아하는 사람은 남들도 그런 줄 안다. 그래서 펩시콜라를 좋아하는 사람을 이해하지 못한다. 공부를 잘하는 사람은 공부 못하는 사람을 이해하지 못한다. 개를 키우는 사람은 남들도 개를 좋아한다고, 아니 좋아해야 한다고 생각한다. 이렇듯 자기중심성의 리스트는 끝이 없다.

심리학이 발견한 인간의 가장 큰 특징이 자기중심성이다. 인간은 자신이 세상의 보편적 존재라고 믿고 싶어 한다. 자기의 생각, 기호, 가치, 정치적 성향이 지극히 상식적이며, 다른 사람들에게도 널리 공유되어 있다고 믿고 싶어 한다. "상식적으로 그게 말이 돼?" 하면서 의견이 다른 사람을 비난하는 행위는 정상성(正常性)에 대한 강렬한 욕망의 표출이다. 상식을 들먹이는 이유도 상식적인 나와 비상식적인 소수를 구분하기 위함이다. 이 세상은 나를 포함한 상식적인 다수와 비상식적인 소수로 이루어져 있다고 믿는다.

심리학 연구에 따르면 정상과 상식적 인간에 대한 욕망은 관계 편중성에 의해 확대 재생산된다. 공부 잘하는 사람들은 자기들끼리 어울리고 자기들끼리 그룹 과외를 한다. 잘생긴 사람들은 잘생긴 사람들끼리 어울려 다닌다. 선거 때마다 당선 가능성이 희박한 후보들이 난립하는 이유도, 각자의 주변에는 자신을 지지하는 사람들만 있기 때문이다. 그래서 남들도 자신을 지지하는 줄로 착각하기 쉽다. 개표 후에 생각보다 표가 안 나왔다고 놀라는 후보는 많아도, 생각보다 표가 많이 나왔다고 놀라는 후보는 언제나 드물다.

우리의 생각이 잘 바뀌지 않는 이유는 주변 사람들이 바뀌지 않기 때문이다. 누군가의 의식이 바뀌었음을 확인할 수 있는 가장 확실한 방법은 그가 어울리는 사람들이 바뀌었는지를 확인해보는 것이다. 아직도 그때 그 사람들을 만나고 있다면, 그의 생각은 아직 그대로일 가능성이 높다.

관계 편중성은 지리적 편중성과 밀접하게 관련되어 있다. 부자들은 부자 동네에 모여 산다. 대학 캠퍼스에는 최소한 대학 재학 이상인 사람들이 모여 있다. 가난한 사람이 부자 동네에 사는 경우는 드물고, 고졸자가 대졸 이상의 고학력자들과 한 공간에서 지속적으로 교류하는 일은 흔치 않다. 관계의 지리적 편중성은 필연적으로 의식의 편중성을 유발할 수밖에 없다. 자기중심적 사고를 하는 이유는 자기와 비슷한 사람들과 어울리기 때문이고, 자기와 비슷한 사람들과 어울리는 이유는 그들과 지리적으로 근접해 있기 때문이다.

많이 가진 자, 높이 오른 자, 많이 배운 자 들과만 평생을 어울려 산 사람은 아무리 합리적이고 객관적인 것처럼 보여도 세상을 보는 시각이 편중될 수밖에 없다. 인간의 격(格)이란 관계의 편중성이 가져오는 의식의 편중성을 인식하고, 자기중심성에서 벗어나려는 노력을 멈추지 않는 것에 있다. 일부러 부의 수준, 교육 수준, 인종, 성별이 다른 사람들과 자주 교류하려는 사람, 다양한 모임 속에 자신을 집어넣어서 관계 편중성으로 인한 의식의 편중성을 극복하려는 사람이 품격 있는 사람이다. 의도적으로 자신의 지리적 한계를 벗어나려는 사람이 멋진 사람이다. 그런 사람들은 우리에게 존경, 경외감, 영감, 통합의 정신, 삶의 고귀함, 의미, 정신의 가치를 전염시킨다.

관계의 지리적 편중과 의식의 편중을 극복하기 위해서는 만나는 사람과 삶의 공간을 바꿔야 한다. 결심만으로 의식을 바꾸는 것은 쉽지 않다. 현대 경영의 구루(guru)이자 사상적 리더인 오마에 겐이치(Omae Kenichi) 역시 인간을 바꾸는 세 가지 방법으로 공간을 바꿀 것, 만나는 사람을 바꿀 것, 그리고 시간을 바꿀 것을 제안한 바 있다.

우리 사회에서 삶의 지리적 공간을 바꾸는 일은 고작 부동산 투자나 자식 교육을 위한 삼천지교로만 치부되고 있다. 지리적 공간을 바꾸는 일이 자신이 접하는 사람을 바꾸는 일이고, 그것을 통해 의식의 지평을 넓히는 일이라는 인식을 가질 필요가 있다. 이사를 하기 위한 좋은 시기란 집값이 떨어지는 시기가 아니라, 자신의 생각을 바꾸고 싶을 때여야 한다. 이런 생각을 가진 사람들 곁에서 사는 삶은 그 자체가 축복이다.

2. 여행의 가치를 아는 삶

어떤 여행은 인생을 바꾼다. 화가 파울 클레에게는 1914년 아프리카 튀니지로 떠난 2주간의 여행이 그랬다. 그 짧은 기간 동안 무려 35점의 수채화와 13점의 데생을 그렸다. 영감의 유성우(流星雨)가 쏟아져 내린 셈이다. 그때의 영감은 클레의 삶에 지속적인 영향을 주어 돌아온 지 20여 년이 흐른 후에도 튀니지 여행과 관련한 20여 편의 작품을 더 만들어내는 원동력이 됐다.

여행이 다작만을 가져오는 것은 아니다. 여행의 경험은 더 나은 작품을 만들어내는 힘도 있다. 1850년부터 1945년 사이에 태어난 피카소, 클레, 칸딘스키, 워홀, 고흐 등 이름만 들어도 소름 돋는 모던 아트의 슈퍼스타 214명의 생애와 그들의 작품 경매가를 분석한 연구에 따르면, 같은 화가의 것이라 할지라도 여행 중에 그린 작품은 일상 시기에 그린 작품보다 경매가가 평균 7퍼센트 정도 높은 것으로 나타났다. 매해 기록을 경신하는 그들 작품의 경매가를 감안하면 7퍼센트는 어마어마한 액수 차이다.[4]

새롭고 낯선 환경을 의도적으로 접하려는 노력의 대가가 작가 등 한 개인에게만 주어지는 것은 아니다. 외부와의 접촉을 활발하게 시도했던 사회는 새로운 사상과 예술을 역사에 남겼다. 반면 외부와의 접촉을 의도적으로 차단하고 지나치게 동질적인 문화를 추구했던 사회는 지식과 예술의 침체기를 겪었다.

외부 세계에 대한 개방성이 문화 발달에 끼치는 영향은 가까이에 있는 일본을 분석한 연구에서도 찾아볼 수 있다. 580년에서 1939년 사이에 일본에서 이름을 떨친 사람들을 대상으로 그들이 외국에서 공부한 적이 있는지, 외국인 스승을 둔 적이 있는지, 외국 여행을 한 적이 있는지, 그리고 같은 시기에 일본을 방문한 유명한 외국인이 있는지 등을 조사한 연구가 있다.[5] 이 연구는 외국 문화와의 접촉 정도가 각 시기별로 일본이 예술, 사상, 의학 등 다양한 영역에서 이룬 성취와 어떤 관계를 갖는지 분석했는데, 특정 시기의 일본 사회의 문화 개방성이 그 시기의 일본의 성취 수준과 밀접한 관계가 있음을 발견했다.

이 연구는 한발 더 나아가 그 효과가 세대를 걸쳐서 나타날 수 있음을 밝혀냈다. 다시 말해, 현 세대의 문화 개방성이 후속 세대의 성취에 중요한 밑거름이 될 수 있음을 증명한 것이다. 세계적으로 자국 중심주의의 광풍이 몰아치고 있는 요즘 세태에 경종을 울리는 연구라고 할 수 있다.

개방성(openness). 심리학에서는 이를 '한 개인의 정신적 경험적 삶의 넓이와 깊이, 그리고 독창성과 복잡성'이라고 정의한다. 의식의 개방성과 경험의 개방성, 인간의 품격을 판단하는 데 이만한 잣대도 없다. 편협한 사고, 외부 세계와의 단절, 새로운 사상과 예술에 대한 무관심, 동일성에 대한 압력은 우리의 정신을 폐쇄적으로 만든다. 그런 조직과 사회에서 혁신적인 성과가 나오기는 쉽지 않다. 물론 애초에 개방적인 사람이 외부 세계와의 접촉을 더 시도하는 것이 사실이다. 그러나 연구 결과들은 외부 세계와의 접촉이 거꾸로 우리 안의 개방성과 창의성을 불러일으킨다는 점도 명확히 보여준다. 이주한 과학자들의 연구가 본토 과학자들의 연구보다 더 독창적이라는 연구 결과도 이를 뒷받침한다.

당장의 편안함을 위해서는 친숙한 환경에서 비슷한 사람들과 유사한 경험을 반복하는 것이 좋다. 예측 가능한 세상이 주는 안락함이 있기 때문이다. 그러나 그곳에는 '도시의 공기'가 없다. 중세 농노들이 도시로 도주하거나 이주하여 느꼈던 자유와 경쟁과 개성의 공기가 없다. 파격을 꿈꾸고 새로운 사상에 마음을 여는 것을 장려하는 공기가 없는 것이다.

여행과 이주를 보는 우리의 프레임을 바꿔야 한다. 여행은 단순한 레저가 아니며, 이주는 생계를 위한 고육지책만이 아니다. 그것들은 개인에게는 확장된 자아, 개방적 자아를 심어주는 일이고, 사회에게는 미래를 위한 장기 투자다. 무엇보다 삶의 품격을 세우는 일이다.

이동을 꿈꿔야 한다. 소수를 품어 안고, 다양성을 추구해야 한다. 다수의 힘으로 소수, 이주자, 이단아를 단죄하여 동질성만을 추구하는 어리석음을 멈춰야 한다. 이사를 하든지, 제3의 공간을 만들든지, 여행을 하든지, 하다못해 다른 기관으로 출장이라도 가야 한다. '이주하는 자의 이점(The mover's advantage)'이라는 한 논문의 제목처럼 이동하는 자, 여행하는 자에게는 열린 의

식이라는 분명한 이점이 있다.[6]

여행하는 자들이 누리는 행복은 자신에게만 국한되지 않는다. 그들이 가져오는 도시의 공기는 주변인의 의식을 확장시키고, 그들의 재미있는 이야기는 신나는 수다를 통해 주변을 행복하게 만든다.

3. 인생의 맞바람과 뒷바람을 모두 아는 삶

우리나라에서 미국으로 갈 때와 미국에서 우리나라로 올 때의 비행시간은 계절에 따라 다소 차이가 있지만 약 두 시간 정도 차이가 난다. 서쪽에서 동쪽으로 흐르는 제트기류로 인해 미국으로 가는 비행기는 뒷바람의 혜택을 입고, 미국에서 돌아오는 비행기는 맞바람의 저항을 받기 때문이다.

사람들이 제트기류의 존재를 알지 못했던 시절에는 동일한 거리에서 발생하는 비행시간의 차이를 이해하지 못했기 때문에, 목표 지점에 예상보다 빨리 혹은 늦게 도착하는 경우에 당혹스러워했다. 맞바람 때문에 늘어나는 비행시간을 고려하지 못한 채 충분한 연료를 싣지 않고 비행에 나서는 아찔한 경우도 있었다. 이처럼 안전한 비행기 운행을 위해서는 뒷바람과 맞바람의 힘을 고려할 줄 알아야 한다.

흥미로운 점은 사람들은 뒷바람으로 인한 시간 단축보다는 맞바람으로 인한 시간 지연을 더 크게 받아들인다는 사실이다. 심지어 자전거를 탈 때도 뒤에서 밀어주는 바람은 잘 인식하지 못하면서 앞에서 불어오는 맞바람은 민감하게 느낀다. 골프 치는 사람들도 뒷바람으로 인한 비거리의 증가보다는, 맞바람으로 인한 비거리 감소를 더 또렷이 자각한다.

동일한 원리가 인생에도 적용된다. 우리는 우리의 삶을 더 부드럽고 편안하게 만들어주는 뒷바람의 힘에는 둔감하면서 우리의 삶을 더 어렵고 거칠게 만드는 맞바람의 힘에는 예민하다. 우리는 감사할 대상보다는 원망할 대상을 찾는 데 더 능하다. 흔히들 "시대를 잘못 만났다", "부모를 잘못 만났다"고 푸념한다. 시대가 자신의 인생에 맞바람으로 작용하고 있다고 생각하는 것이다. 심지어 요즘 초등학생들은 재벌 아들이 되고 싶은데 아빠가 노력하지 않는다고 불평한다는 우스갯소리가 있을 정도다.

또한 우리는 자신에게 불어오는 맞바람이 타인에게 불어오는 맞바람보다 더 거세다고 믿는 경향이 있다.[7] 우리는 자신의 상황이 타인의 상황보다 더 불리하다고 믿는다. 인문학 교수들은 자연과학 교수들보다 자신들이 더 불리하다고 생각한다. 자연과학 논문은 실험 요약만 담아서 짧게 쓰면 되니까 1년에 여러 편씩 쓸 수 있을 것이라고 생각한다. 반면에 자연과학 교수들은 인문학 교수들의 일이 훨씬 더 쉽다고 생각한다. 엄밀한 검증과 심사 과정 없이 자신의 생각을 책으로 쓰면 된다고 생각하기 때문이다. 서로가 불리하다고 생각하는 교수들이 어찌 이 두 분야뿐이겠는가? 그래서 대학에서는 모든 학문에 동일하게 적용하는 평가 기준을 만들기가 어렵다. 심지어 한 학과 내에서도 동일한 평가 기준을 만들기가 어렵다. 모두가 그 기준이 자신에게 불리하다고 생각하기 때문이다.

미국의 대통령 선거제도는 매우 독특한 특징을 지니고 있어서, 전체 유권자 득표에서 이기더라도 선거인단 수에서 져서 낙선할 수 있다. 힐러리 클린턴이 도널드 트럼프에게, 엘 고어가 조지 부시에게 패배한 것이 바로 그에 해당한다. 미국의 민주당원과 공화당원에게 이 제도가 어느 당에게 더 유리한지를 물었더니, 양측 모두 자신들에게 더 불리하다고 답했다.

한 집안의 첫째와 둘째에게 부모가 누구에게 더 엄격했는지를 물은 조사도 있다. 모두가 첫째가 더 엄한 대우를 받았다고 보고했지만, 엄격함의 정도를 묻는 질문에서는 대답에서 차이가 났다. 첫째들이 정도가 훨씬 심했다고 대답한 것이다. 첫째들은 동생들과 싸우기만 하면 부모님들이 자신을 더 나무랐다고 했고, 첫째라는 이유만으로 양보를 강요당하기 일쑤였다고 기억하고 있었다.

보수는 보수라서 불리하고 진보는 진보라서 불리하다고 생각한다. 가진 자는 가진 자라서 불리하고 가난한 자는 가난한 자라서 불리하다고 생각한다. 모두가 기울어진 운동장에서 뛰고 있다고 생각한다. 이는 우리 모두가 자신에게 불고 있는 뒷바람은 무시한 채 앞에 있는 맞바람만을 주목하기 때문이다.

우리의 삶에는 분명 뒷바람이 존재한다. 인생의 뒷바람에는 가족, 친구, 선생님과 같은 사람에서부터 한 사회의 문화, 시대정신, 역사적 사건과 같은 사회·문화적 요인까지 다양하다. 우리는 이 중에서도 특히 문화나 시대정신 같은 눈에 보이지 않는 뒷바람의 힘을 과소평가하는 경향이 있다.

우리 부모 세대의 높은 교육열은 우리 각자의 삶에 부드러운 뒷바람 역할을 해주었다. 2002년 월드컵은 즐기는 문화를 창출하여 우리를 지나친 엄숙주의에서 벗어날 수 있게 해주었다. 또한 산업화와 민주화를 거치는 동안 우리의 선배들이 흘린 피와 땀과 눈물은 지금의 우리가 창의성, 개성, 행복과 같은 가치를 추구할 수 있도록 해주었다.

품격 있는 사람은 자신에게 불고 있는 맞바람만을 탓하기보다 뒷바람에 감사하는 사람이다. 모두가 자신의 맞바람이 더 세다고 불평할 때, 맞바람을 견딜 수 있게 해주는 수많은 뒷바람을 떠올리는 사람이다. 이런 품격 있는 사람이 곁에 있다면 우리의 삶은 뒷바람을 타고 순항하는 항해와 같을 것이다.

4. 냉소적이지 않은 삶

냉소(冷笑). 그 차가운 비웃음의 대상이 되는 것은 매우 가슴 아픈 일이다. 특히나 좋은 의도로 한 일이 '뭔가 숨은 꿍꿍이가 있을 거야'라는 냉소적 반응으로 돌아오면, 그 당사자도 세상에 대해 냉소적인 생각을 갖게 되기 쉽다. 냉소의 악순환에 빠지게 되는 것이다.

페이스북 창업자 마크 저커버그와 그의 아내가 전 재산의 99퍼센트를 평생에 걸쳐 기부하겠다고 발표했을 때, 그들에게 돌아온 건 존경만이 아니었다. 평생에 걸쳐 기부하겠다는 말이 모호하다거나, 세금을 줄이기 위한 꼼수라거나, "인간의 가능성을 극대화"하고 "불평등을 해소"하고자 한다는 기부의 목표가 추상적이라거나, 기부금의 사용처를 자신들이 정하겠다는 건 이기적이라는 등의 반응이 쏟아졌다. 언뜻 보면 합리적 의심 같지만 본질상으로는 매우 냉소적인 태도다. 심지어는 그럴 바에야 아예 기부하지 말라는 비난조의 반응도 쏟아졌다.

왜 인간은 착한 일을 하는 사람의 의도와 동기를 의심하고 경계의 끈을 놓지 못하는 것일까? 냉소는 우리가 추구해야 할 덕목일까? 덕목까지는 아니더라도 누군가는 떠맡아야 할 사회적 의무 같은 것일까? 냉소는 과연 필요악일까?

어떤 사회가 불신이 가득한 사회라면 냉소적 불신은 환경에 적응하는 한 방식일 수 있다. 만일을 대비한 의심과 준비는 자신에게 닥칠 손실과 상처를 예방해줄 수 있기 때문이다. 냉소의 이런 잠재적 혜택에도 불구하고 연구 결과를 보면, 일반적으로 냉소, 특히 냉소적 불신은 혜택을 안겨주기보다는 심각한 역풍을 불러온다. 그리고 이 역풍은 자신에게만 닥치는 것이 아니라 주변 사람들의 삶에도 부정적인 영향을 끼친다. 냉소적 불신이란 선한 행동 이면에 이기적 욕심이 숨겨져 있을 것이라는 생각을 지칭한다.

우선 냉소적 불신이 가득한 사람은 자기 자신이 늘 기분이 좋지 않다. 우울을 경험할 가능성도 높다. 한마디로 행복하지 않은 것이다. 그뿐 아니라 냉소주의자의 특허인 적대적 태도, 공격성, 분노는 건강에도 좋지 않은 영향을 끼친다. 노인들을 대상으로 한 연구에 따르면, 냉소적 불신은 치매 가능성까지 높인다.[8]

냉소의 역풍은 인간관계에도 불어닥친다. 냉소적인 사람들에게는 협동의 기회가 잘 찾아오지 않는다. 사람들이 선뜻 함께 일하자고 손을 내밀지 않는다. 늘 기분이 언짢고, 별것 아닌 일에도 과도하게 화를 내며, 적대적 반응을 보이는 사람들과 시간을 보내고 싶은 사람은 많지 않다. 냉소주의자들 역시 먼저 다른 사람들에게 손을 내밀지 않는다. 나누고 베풀고 협동하는 것의 가치를 중시하는 공동체에서 냉소주의자들이 설 자리는 시간이 갈수록 줄어들게 되어 있다. 결과적으로 행복의 가장 중요한 요소인 인간관계에서 그들은 커다란 손해를 입게 된다.

더 놀라운 사실은 냉소적인 사람들은 이 같은 사회적 고립으로 인해 경제적 수입에도 타격을 입을 가능성이 높다는 것이다. 신뢰를 바탕으로 하는 교류 관계에서 서로 간에 제공하는 기회가 그들에게는 찾아오지 않기 때문이다.[9]

혹시 냉소적인 사람들이 일은 잘하지 않을까? 냉철하고 합리적이고 경쟁적이기 때문에 조직 내에서 좋은 성과를 내지 않을까? 그런데 연구 결과를 보면 반드시 그렇지만은 않다. 이들은 다른 구성원들이 자기를 음해하지 않을까 늘 긴장의 끈을 놓지 않고, 타인의 흠을 잡는 데 몰두하기 때문에 정작 자신의 일에 온전히 집중하지 못한다. 강한 경쟁심에도 불구하고 이들은 진정한 의미의 탁월성 자체에는 별로 관심을 갖지 않는다. 또한 이들은 합리적 타협을 잘 하지 않는다. 선과 악의 이분법으로 세상을 보기 때문에 이들이 있는 곳에는 필요 이상으로 갈등이 증폭되어 건설적인 문제 해결이 어려워진다. 자연스러운 의견 차이가 이들이 개입하면 전쟁으로 돌변한다.

만일 이들이 리더라면 어떨까? 구성원들에 대한 불신 때문에 감시와 평가에 집착하고 자기를 보호하기 위한 유무형의 장치를 만드는 데 골몰할 가능성이 높다. 장기적으로 볼 때 이들의 비즈니스 성공 가능성이 낮은 이유다.

인간 본성을 어떻게 보는지는 사람마다 다르다. 인간이란 믿을 수 없는 존재이기 때문에 세상은 만인 대 만인의 투쟁이라고 보는 사람들이 있다. 인간은 타인에게 늑대와 같은 존재(Homo homini lupus)라고 보는 것이다. 반면에 어떤 사람들은 인간 본성의 선한 면을 믿는다. 착한 일을 한 사람들에게 의심과 경계의 차가운 눈초리를 보내기보다 지지와 존경의 따뜻한 격려를 건넨다.

냉소적 불신을 유발하는 우리 사회의 구조적 결함들이 있어 왔던 것은 사실이다. 그럼에도 불구하고 선택은 개인의 몫이다. 냉소적 인간은 자신의 냉소로 인해 짧은 쾌감을 누릴지는 몰라도 건강, 인간관계, 수입, 성취 등 삶의 많은 분야에서 거센 역풍을 만나게 된다. 냉소적 불신은 의식의 미세먼지 같은 것이다. 늘 뿌옇게 세상을 보고 있으니 좋을 게 없다. 더욱이 냉소주의자들의 불신, 비웃음, 공격성, 우울은 주변 사람들의 삶까지 우울하게 만든다.

품격 있는 사람은 비판적 사고와 냉소적 불신의 미묘한 차이를 아는 사람이다. 비판적 사고라는 이름으로 냉소 어린 독기를 뿜어내지 않는 사람이다. 건설적 비판이라는 이름으로 상대의

기를 꺾는 사람이 아니다. 굿 라이프란 이런 격이 있는 사람이 되고자 노력하는 삶이다.

5. 질투하지 않는 삶

네이마르는 결국 FC 바르셀로나를 떠났다. 더 정확히는 메시를 떠났다. 공격수로서 메시와 한 팀에서 뛴다는 것은 일생일대의 축복이자 동시에 엄청난 심리적 위협이다. 그와 함께 뛰는 것은 승리와 우승을 보장해주지만, 메시에게 독점되는 관심과 날마다 이루어지는 그와의 비교는 공격수로서는 감당하기 어려운 질투를 불러일으킬 수밖에 없다. 네이마르가 비록 이적료 신기록을 세우기는 했지만, 그가 택한 것은 돈이 주는 행복이 아니라 질투에서 벗어나는 행복이었다.

　유사한 일이 미국 NBA에서도 벌어졌다. 클리블랜드 캐벌리어스의 전성기를 만들었던 세 명의 스타 중 카이리 어빙이라는 선수가 트레이드를 요구했고, 결국 다른 팀으로 이적했다. 르브론 제임스라는 농구 황제의 그늘을 벗어나기 위한 특단의 선택이었다. 어빙에게 제임스는 네이마르에게 메시가 그랬듯 축복이자 위협이었다. 그와 함께 뛰었기 때문에 우승과 명예를 얻었지만, 동시에 늘 그와 비교당하는 고통을 겪어야만 했다.

　스타플레이어는 팀 내에서 축복이자 위협이다. 팀 전체의 성과와 인지도를 올려서 그 혜택이 모든 팀원에게 돌아가도록 하는 축복의 원천이 되기도 하지만 그에게만 집중되는 관심, 그에게 우선적으로 부여되는 기회는 다른 팀원들에게 질투의 원인이 되기도 한다. 그런 스타를 향한 개인들의 질투는 자연스럽다. 심지어 네이마르나 어빙 같은 스타들조차도 메시나 제임스 같은 존재를 피하고 싶어 하는 것을 보면, 개인의 질투가 얼마나 인간적인 감정인지를 확인할 수 있다.

　문제는 질투가 개인을 넘어 집단에서 조직적으로 경험될 때 생긴다. 질투가 집단적 현상이 되어, 화합과 협동이라는 대의명분을 등에 업고 탁월한 소수를 은밀하게 그러나 조직적으로 괴롭힐 때, 질투는 개인의 자연스러운 감정을 넘어 소수를 향한 다수의 갑질이 되기 쉽고 종국에는 모두를 해치는 결과를 가져온다.

　집단행동에 관한 많은 연구는 탁월한 성취를 이루어내는 사람들이 정작 자신의 동료들로부터는 차가운 평가를 받는다는 점을 반복적으로 밝혀왔다. 이들의 이직률이 높은 이유는 시장의 높은 수요와 자신의 강한 성취욕도 있지만, 이들이 조직 내에서 경험하는 은밀한, 때로는 노골적인 질투와 냉대 때문이다.

집단의 질투가 파괴적인 형태로 나타나기 쉬운 경우는 응집력이 강하고 성과가 균등하게 분배되는 조직에서다. 특히 성취보다 화합을 중시하는 조직일수록 집단을 위한다는 명분으로 소수의 스타플레이어를 제대로 대접하지 않는다. 개인의 질투라는 비난을 잠재울 수 있는 최고의 무기가 '조직을 위해서'이기 때문이다. 가끔씩 상식적으로 이해할 수 없는 방법들을 동원하면서까지 소수를 괴롭힐 수 있는 것도 조직을 위한다는 대의명분이 있기 때문이다.

여기에 우리 사회의 역설적 고민이 있다. 우리 사회는 협동과 화합, 균등과 단합을 중시하는 장점을 지니고 있지만 이 장점이 양날의 칼이 되어 평균을 깨는 소수의 탁월한 개인과 집단을 은밀한 방법으로 괴롭혀서, 결국은 모두가 한 발짝도 앞으로 나아가지 못하게 하는 위험을 부를 가능성이 높다. 소아보다 대아를 중시해온 문화적 전통은 위기를 극복해내는 희생과 헌신의 DNA를 만들어냈지만, 평균을 깨는 소아를 위협으로 느끼는 집단적 질투를 만들어낸 것이다.

과학 저널 《사이언스》에 '반사회적 처벌(antisocial punishment)'이라는 현상을 소개하는 논문이 실린 적이 있다.[10] 반사회적 처벌이란 공동체를 위해서 많은 기여를 한 사람을 오히려 벌주는 행위를 의미한다. 자기보다 훨씬 더 많이 공동체에 기여한 착한 사람을 왜 벌주려 하는 걸까.

한 가지 이유는 그가 집단의 평균을 깨트리고 남들 모두를 바보로 만들었다고 믿기 때문이다. 적당히 하면 되는데 유별나게 튀는 바람에 결국 우리가 바보가 되었다는 심리가 착한 일을 한 사람을 벌주는 행동을 유도하게 된다는 것이다. 이 논문에 따르면, 안타깝게도 우리나라에서 이런 반사회적 처벌의 빈도가 높게 나타난다.

반사회적 처벌은 은밀하게 일어난다. 착한 소수, 탁월한 소수의 평판에 살짝 생채기를 낸다. 누군가 그에 대해 물으면 의도적으로 적당히 침묵을 지키거나 어색한 미소를 지으면서 '꼭 그렇지만은 않다'는 뉘앙스를 풍긴다. 이기적이라는 평가를 빼놓지 않는다. 물론 그때마다 집단을 강조하는 것을 잊지 않는다.

중요 직책에 임명된 사람들에 대한 과거 동료들의 칭찬이 인색한 경우를 자주 본다. 탁월한 성과를 낸 과학자에 대한 동료들의 칭찬이 어딘가 어색해 보이는 경우도 심심찮다. 몇몇 개인의 질투라면 자연스러운 것이겠으나 이런 풍토가 조직 전체의 특징이라면, 더 나아가 우리 문화 전체의 특징이라면, 걱정하지 않을 수 없다. 진정 탁월한 조직이란 집단의 단합이라는 대의명분을 자주 사용하지 않는 조직이다. 집단적 질투가 집단의 화합이라는 옷을 입고 있지 않은지 우리를 진지하게 돌아볼 필요가 있다.

품격 있는 사람은 자신보다 뛰어난 사람을 채용한다. 그러나 격이 없는 사람은 자신보다 못한 사람을 채용해서 우월감을 느낀다. 품격이 없는 사람은 스타의 몰락을 보고 고소해하는 샤덴프로이데(Schadenfreude)를 즐긴다. 품격이 없는 조직은 벗길수록 처음보다 작은 인형들이 나오는 러시아 인형 마트료시카처럼, 갈수록 못한 사람들만 채용해서 결과적으로 퇴보의 길을 걷는다. 품격 있는 사람은 자신보다 뛰어난 후배를 자랑스러워하며 그를 스타로 성장시키기 위해 진심으로 돕는다. 그런 사람과 함께하는 삶이 진실로 축복받은 삶이다.

6. 한결같이 노력하는 삶

어느 분야에서나 1만 시간 이상 노력하면 대가가 된다는 '1만 시간의 법칙(the 10,000 hours rule)'이 학계에서 반박되고 있다. 그중에서도 2014년에 발표된 논문 하나가 언론을 통하여 소개되면서 전 세계적으로 큰 반향을 일으켰다.[1] 그런데 매우 유감스럽게도 국내의 한 신문이 이 논문의 결론을 심각하게 왜곡 보도하는 바람에 논문 저자들의 의도와는 전혀 다르게 '결국 노력해도 소용없다!'는 자조적인 반응이 생겨났다.

이 논문의 정확한 결론을 아는 것이 중요하다. 논문의 결론은

'훈련이 중요하지만, 이전에 주장되던 것만큼은 중요하지 않다'
이다. 저자들의 표현을 빌자면 "노력은 성취의 필요조건이지만
충분조건은 아니다"라는 결론인 것이다. 저자들은 논문 그 어디
에서도 노력이 중요하지 않다고 주장하지 않는다. 누구라도 재
능과 상관없이 노력만 하면 전문가가 된다는 주장이 과장되어
있음을 지적한 것이지, 결코 노력하지 말라는 주장이 아니다.

둘째, 이 논문을 처음 보도한 매체는 여러 영역에서의 재능과
노력의 상대적 영향력을 숫자로 표시했다. 예를 들면 음악에서
는 노력의 영향력이 21퍼센트, 선천적 재능의 영향력이 79퍼센
트라고 그림까지 그려가며 보도했다. 그러나 원 논문 어디에도
선천적 재능이 음악적 성취의 79퍼센트를 설명한다는 주장은
없다.

이 연구는 노력, 더 정확히는 훈련 시간의 차이가 성취의 차이
를 설명하는 변량(variance)이 음악에서는 21퍼센트라고 말하고
있을 뿐, 나머지 79퍼센트의 변량이 모두 선천적 재능으로 설명
된다고 말하지 않는다. 연구 방법론상 결코 그런 주장을 펼 수가
없다. 저자들이 연구 참가자들의 연습량만 측정했을 뿐 재능 수
준을 직접 측정하지 않았기 때문이다. 그래서 논문의 저자들은
"노력이 설명하는 부분 21퍼센트"와 "노력으로 설명되지 않는
부분 79퍼센트"라고 분명하게 그래프에 명시했다.

그럼에도 불구하고 국내 신문 기사는 논문의 그래프에 "노력

으로 설명되지 않는 부분"이라고 쓰여진 표현을 "선천적 재능"으로 뒤바꾼 치명적인 실수를 범했다. 노력으로 설명되지 않는 부분이 당연히 재능일 것이라고 가정한 것이다. 그러나 연습량으로 측정된 노력의 양 말고, 성취를 설명할 수 있는 변수는 재능 외에도 무수히 존재한다.

음악의 경우 악기를 처음 배운 나이, 성취에 대한 가족의 가치 및 동기 부여 수준, 개인의 성격 등 많은 요인이 존재한다. 그럼에도 불구하고 '노력 아니면 재능'이라는 매우 위험한 이분법적 사고에 기초해서 있지도 않은 사실을 논문의 결론인 양 소개하는 우를 범하고 말았다. 참고로 선천적 재능이 음악적 성취의 79퍼센트를 설명한다면 재능과 성취의 상관계수가 .9에 육박한다는 것인데, 이는 학자들에게는 꿈에나 나올 법한 불가능한 수치다.

셋째, 재능과 노력의 구분은 그리 간단치 않다. 장시간 노력을 하는 것도 재능의 일부일 수 있고, 노력을 통해 재능이 성장하기도 한다. 이 둘은 역동적 관계에 있기 때문에 노력이 정확히 몇 퍼센트, 재능이 정확히 몇 퍼센트라고 칼로 무 자르듯 결론짓는 것은 불가능에 가깝다.

마지막으로, 1만 시간의 법칙을 둘러싼 논쟁은 '최고 수준의 전문성'에 관한 것임을 기억할 필요가 있다. 내신을 한 등급 올리기 위해 노심초사하는 학생이나 100타를 깨기 위해 노력하는 아마추어 골퍼, 토익 점수를 올리기 위해 애쓰는 취업 준비생에게는 여전히 노력이 최선의 선택이다. 비록 노력만으로 최고 수준의 전문성이 획득되는 것은 아닐지라도, 노력의 양과 성취의 정도가 비례한다는 것은 분명한 사실이다. 따라서 우리에게는 『대학(大學)』에 나오는 "심성구지, 수부중불원의(心誠求之, 雖不中不遠矣)"라는 마음가짐이 최선이다. 마음으로 간절히 원하고 노력하면 비록 적중하지는 못해도 크게 벗어나지는 않기 때문이다.

챌로의 성인이라고 불리는 파블로 카살스는 아흔이 넘어서도 꾸준히 연습하는 모습으로 사람들에게 큰 감동을 주었다. 어느날, 그 세계적인 거장이 고령에도 불구하고 연습을 게을리하지 않는 모습이 의아했던 누군가가 물었다. "선생님, 선생님은 왜 아직도 그렇게 연습을 하십니까?" 이 질문에 대한 카살스의 대답은 품격 있는 삶의 모습을 제대로 보여준다.

I'm beginning to notice some improvement.

(요새 실력이 느는 것 같아.)

7. "내 그럴 줄 알았지"라는 유혹을 이겨내는 삶

어떤 일의 결과를 알고 나면 모든 것이 자명해 보인다. 그럴 수밖에 없었던 원인들이 너무나도 분명하게 보이기 때문에 사람들은 '내 그럴 줄 알았지'라는 반응을 보이고, 미리 대비하지 못한 사람들을 비난하고 추궁한다. 이런 생각의 오류를 심리학에서는 사후 과잉 확신 편향이라고 부른다. 영어로는 hindsight bias라고 하는데 '뒤'를 의미하는 behind와 '본다'를 의미하는 sight가 결합한 말이다. 어떤 일의 결과를 미리 예측하는 선견지명(先見之明)의 능력은 없어도, 일단 결과를 알고 나서 뒤에서 보면 마치 처음부터 그 일을 예측할 수 있었던 것처럼 착각하는 후견지명(後見之明) 심리를 지칭하는 용어다.[12]

이런 후견지명의 착각은 때론 득(得)이 되고 때론 독(毒)이 된다. 인간에게 가장 고통스러운 비극은 설명되지 않는 비극이다. 그 일이 왜 일어났는지를 설명할 수 없을 때, 그 비극으로 인한 슬픔은 오래간다. 후견지명의 착각은 이 슬픔으로부터 우리를 지켜주는 역할을 한다. 다시 말해, 어떤 비극이든지 쉽게 설명해줌으로써 고통의 크기를 줄여주는 기능을 한다.

실제로 비극을 경험한 사람들의 극복 과정을 보면 극복할 시점이 가까워질수록 그들의 글과 말 속에 "그래서 그랬구나", "이제 알 것 같다" 같은 이해와 깨달음의 표현이 등장한다. 삶에서 일어나는 많은 예상치 못한 사건을 설명해내지 못한다면 인간은 제대로 기능하기가 어렵기 때문에, 웬만한 일들은 쉽게 설명해내려는 후견지명의 능력이 생겨난 것이다.

후견지명의 착각은 이렇듯 인간 삶에 필요한 요소지만, 동시에 심각한 위험성을 지니고 있다. 어떤 사건이나 사고에 대한 충분하고 체계적인 분석 없이 너무 빨리 진단과 대책을 마련하는 위험성이다. 이뿐 아니라 '내 그럴 줄 알았지'라는 착각은 자신의 우월성에 대한 착각을 강화시켜서 우리를 오만하게 만들고, 그로 인해 주변 사람들을 폄하할 가능성이 높다.

후견지명 현상은 어떤 사건이 왜 하필 그날 그 시간에 그 형태로 발생했는지에 대한 근본적인 분석보다는 통념상 쉽게 받아들여지는 분석을 하게 만든다. 예를 들어, 어떤 사건에 대해서든 소위 "총체적 부실(不實)"이 가져온 "예고된 인재(人災)"였다는 진단이 단골로 등장하게 된다. 불량 볼트 하나가 우주선 사고의 원인이 되듯이 때로는 아주 미세한 원인들이 대참사를 빚기도 한다. 그런 직접적이고 미세한 원인들을 발견하기 위해서는 오랜 시간 동안 그 사건을 집요하게 들여다봐야 한다. 그런데 불행히도 '내 그럴 줄 알았지'라는 후견지명의 착각은 우리에게서 사고(思考)의 집요함을 빼앗아간다.

후견지명의 또 다른 위험성은 놀람의 실종이다. 어떤 일이 예상을 벗어나거나 정상 범위를 벗어나면 우리는 놀라게 된다. 놀람이라는 감정은 지적 호기심의 가장 강력한 원천이다. 그런데 무슨 일에든지 '그거 당연한 거 아니야', '내 그럴 줄 알았지' 하게 되면 어떤 일에 대해서도 결코 호기심을 갖지 않게 된다. 심지어 인간은 어떤 일의 결과를 알고 나면 놀라지 않는 특성이 있다는 점을 알려주어도, '그거 당연한 거 아니야' 하면서 놀라지 않는다!

어떤 일에도 놀라지 않고 당연하다는 반응을 보이는 사람은 그 자신이 지적 호기심의 결핍이라는 피해를 입는 것에서 그치지 않고, 타인들을 주눅 들게 만드는 죄를 범한다. 연구에 따르면 이런 후견지명의 착각이 우리나라 사람들에게 특히 강하다고 한다. 많은 대형 사건·사고에 대한 우리나라 언론의 분석에 "예고된 인재"라는 표현이 단골로 등장하는 이유이기도 하다.

품격 있는 삶이란, 후견지명이라는 달콤한 지적 유혹에서 자신을 지키기 위해 노력하는 삶이다. 내 그럴 줄 알았지, 라는 말을 내뱉는 순간 스스로 똑똑하다고 느낄지는 몰라도 이런 반응이 습관이 되면 곤란하다. 어떤 일에도 놀라지 않고 결과를 예측하지 못한 남들을 비난하며 우쭐해한다면, 중요한 교훈을 배울수 있는 기회를 놓칠 뿐만 아니라 '처음부터 알고 있었다면 왜 미리 말해주지 않았나요?'라는 냉소의 대상이 되고 말 것이다.

　품격 있는 사람은 예상치 못한 일에 대해서 솔직하게 놀라는 사람이다. 모두가 빠른 진단과 대책을 앞다투어 내세울 때, 몇 년이고 그 문제를 집요하게 그리고 골똘히 생각해서, 그 문제로부터 마땅히 배워야 할 것들을 배우는 사람이다. 자신의 전문 분야든 아니든 모든 문제에 대해서 늘 답을 지니고 있는 사람을 우리가 경계하는 이유는, 그에게서 자신의 지적 한계를 인정하는 격이 느껴지지 않기 때문이다.

8. 가정(假定)이 아름다운 삶

인간의 의식이란 가정들의 집합체다. 인간의 인지 능력에는 한계가 있기 때문에 우리의 뇌는 최소의 노력으로 최대의 성과를 이루려는 경제 원리를 따른다. 뇌에 입력되는 정보들이 늘 불충분하기 때문에 우리는 이미 가지고 있는 가정, 전제, 상식, 이론에 기초하여 입력된 정보를 뛰어넘는 추론들을 효율적으로 해나간다. 박쥐가 새끼에게 젖을 먹이는 장면을 단 한 번도 본 적이 없지만, 우리는 박쥐가 포유류라는 지식에 기초하여 박쥐가 새끼에게 젖을 먹일 것이라고 추론한다. 이렇듯 가정은 '주어진

정보를 넘어서게 하는(beyond information given)' 강력한 힘으로 작동한다. 심리학에서는 이런 의식의 작용을 하향식 처리(top down process)라고 한다.

인간은 각자가 보유한 가정들에 의해 구분된다. 보수주의자는 빈곤을 개인의 역량과 노력의 문제라고 가정한다. 진보주의자는 빈곤이 사회구조의 문제라고 가정한다. 일부 남자들은 여자들의 No를 Yes라고 잘못 가정한다. 어떤 사람들은 기부를 선한 일이라고 가정하지만, 또 어떤 사람들은 기부를 절세의 수단이라고 가정한다.

인격이란 한 사람이 가지고 있는 가정의 격이라고 할 수 있다. 인격은 도덕적 완성의 정도가 아니라 한 개인이 세상에 대하여 지니고 있는 가정들의 정확성과 품격의 문제다. 그러므로 인격 수양이란 자신이 가지고 있는 가정들을 점검하여 나쁜 가정을 좋은 가정으로, 근거가 없는 가정을 정확한 가정으로 바꾸어가는 과정을 뜻한다.

다양한 레퍼토리를 연주하는 피아니스트 임현정에게 한 기자가 어떻게 그것이 가능한지 물었다. 대개 피아니스트들은 자신이 즐겨 연주하는 곡의 작곡가들이 정해져 있는 데 반해, 이 피아니스트에게는 그런 경계가 없기 때문이었다. 그에 대해 임현정은 "사교 활동을 일체 안 하고 음악에 집중하면 가능하죠. 음악과 나 사이를 보호해야 해요"라고 응답했다.[13] 세상을 음악과 자신 사이를 방해하는 곳으로 가정하고 있는 이 피아니스트에게 "어떻게 그것이 가능해요?"라는 기자의 질문은 애초부터 성립되지 않는 질문이었다.

저서 『마지막 강의(The Last Lecture)』를 통해 많은 사람에게 도전과 영감을 주고 세상을 떠난 미국 카네기 멜론 대학의 랜디 포시(Randy Paush) 교수는, 실패란 "내가 그 일을 얼마나 간절하게 원하는지를 테스트해보는 것"이라는 가정을 지니고 있었다. 그 가정 때문에 그는 반복되는 실패에도 불구하고 어린 시절의 꿈을 이룰 수 있었다고 고백했다. 죽음을 앞둔 극심한 불안과 고통 가운데서도 그가 마지막 강의를 진행하고자 했던 이유는, 그 강의가 아직 어린 자신의 자녀들에게 아버지가 어떤 사람인지를 알려줄 수 있는 기회라고 가정했기 때문이었다.

남들과의 비교를 통해 경험하는 우월감이 행복의 원천일 것이라고 가정했던 한 연구자가 있었다. 그는 미국 최고 명문대 학생들 중에서도 아주 행복한 학생들에게 인터뷰를 실시하여 비교를 통해 우월감을 느낀 경험을 들려달라고 했다. 그러나 그들이 공통적으로 들려준 답은 "비교요? 잘 안 하는데요"였다. 정작 행복한 사람들은 비교를 잘 하지 않기 때문에, 연구자의 가정 자체를 이해하지 못한 것이다.

이처럼 사람들 사이의 차이는 가정들의 차이다. 누구나 하는 평범한 가정을 벗어나고자 노력하는 것이 품격 있는 사람들의 특징이다.

자기가 늦은 이유는 차가 밀렸기 때문이지만 다른 사람이 늦은 이유는 성실하지 않기 때문이라는 가정, 남을 도운 대가로 인정을 받게 되면 이타적이 아니라고 생각하는 가정, 능력이 뛰어나면 성격이 안 좋고 성격이 좋으면 능력이 떨어질 것이라는 가정, 자신이 나쁜 일을 한 후에는 많은 사람이 그럴 것이라는 가정, 좋은 일을 하고 난 후에는 나 같은 사람은 드물 것이라는 가정…….

이런 평범한 가정들보다는 자신의 행동과 타인의 행동이 동일한 원인으로 설명될 수 있다는 가정, 능력과 인품은 비례한다는 가정, 설사 결과적으로 이득이 생기더라도 남을 돕는 일은 여전히 이타적이라는 가정, 나처럼 나쁜 일을 하는 사람은 드물고 나처럼 좋은 일을 하는 사람은 많다는 가정이 훨씬 품격 있다.

품격 있는 가정이 우리를 반드시 더 행복한 사람으로 만들지는 않더라도 그런 가정을 품고 사는 사람 주변에 있는 사람은 분명 행복해질 것이다.

9. 죽음을 인식하며 사는 삶

야구의 묘미는 벤치의 두뇌 싸움이다. 감독의 작은 제스처는 넓은 그라운드를 지배한다.

야구팬들은 감독들이 벌이는 두뇌 싸움의 꽃으로 수비 시프트를 꼽는다. 수비 시프트란 수비수가 정상적인 위치에서 벗어나 타자의 성향에 따라 수비 위치를 바꾸는 것을 말한다. 단타를 잘 치거나 발이 빠른 타자를 상대할 때 취하는 전진 수비, 장타자에 대비한 후진 수비, 타자가 번트를 댈 타이밍에 취하는 번트 시프트 등이 대표적이다.

국내 프로야구의 대표적인 수비 시프트 중에 '최형우 시프트'가 있다. 기아 타이거즈의 거포 좌타자인 최형우는 밀어치기보다 잡아당기는 타법을 쓰기 때문에 우익수 방향으로 공을 많이 보낸다. 따라서 최형우가 타석에 들어설 때 수비팀 3루수와 유격수는 평소보다 2루 방향으로 대폭 이동하는 최형우 시프트를 전개한다. 잘 쓰면 안타성 타구를 손쉽게 잡아내는 멋진 플레이를 만들어내지만, 허를 찔리면 독이 될 수 있는 고위험·고수익의 수비법이다.

야구에 수비 시프트가 있다면, 우리 인생의 골목골목에도 시프트가 있다. 인생이라는 게임의 감독들인 우리는 나이가 들어가면서 우리에게 일어날 변화를 간파하여, 그에 맞게 우리의 생각과 목표와 감정을 맞추어간다. 적절한 타이밍에 시프트를 구사하는 것이 야구에 재미를 더해주는 것처럼 나이 듦에 따라 적절한 시프트를 사용하는 것 역시 인생이라는 게임에 흥미를 더해준다.

사람들은 나이가 들면서 살아온 날보다 살아갈 날이 더 짧다는 자각을 갖게 된다. 이는 우리의 존재 자체를 뒤흔드는 인식이다. 죽음이라는 실존의 문제를 추상적 관념으로서가 아니라 또렷한 감각으로 생생하게 경험하게 하는 자각이다. 비로소 우리를 철들게 만드는 깨달음이고, 내 피부 경계 안쪽의 좁은 세계에만 머물러 있던 인식을 자연과 우주와 인류 보편과 신의 세계로 확장시키는 인식의 결정적 전환이 되기도 한다.

이런 인식의 시프트와 함께 우리의 심리 상태 또한 근본적인 시프트를 경험하게 된다.[16] 우선, 시간이 얼마 남지 않았다는 자각은 우리가 만나는 사람들의 범위를 대폭 축소하게 만든다. 스스로에게 의미 있는 아주 친밀한 사람들을 중심으로 인적 네트워크를 재구성하는 것이다. 만나는 사람의 수는 줄이는 대신 소수의 사람과 만남의 깊이와 빈도를 늘린다. 굳이 만날 필요가 없는 사람들은 과감히 포기한다. 마치 최형우 시프트에서 3루는 아예 포기하는 것처럼 나를 싫어하는 사람들, 만나면 기분 나쁜 사람들, 꼭 나갈 필요가 없는 모임들에 대한 의무감이 사라진다. 이런 사람들에게 미움받는 것이 인생에 큰 의미가 없다는 깨달음이 생겨나는 것이다. 무릇 미움받을 용기란 나이 들면 누구에게나 생기는 법이다.

시간이 얼마 남지 않았다는 자각은 감정의 시프트도 만들어낸다. 모든 키스가 마지막 키스가 될 수 있음을 의식할 때 우리 내면에서 생겨나는 얽히고설키는 감정은 젊은 날의 감정과는 판이하게 다르다. 즐거워도 마냥 즐거운 것이 아니고, 즐거움과 슬픔이 교차하는 애틋한 감정을 느낀다. 어린아이를 쳐다보는 젊은 부모의 눈빛은 즐거움과 기쁨과 사랑스러움으로 가득하지만, 장성한 자녀를 바라보는 나이 든 부모의 눈빛에는 사랑스러움과 함께 애틋함과 회한이 뒤섞여 있다. 기뻐도 마냥 기쁘지만은 않고, 슬퍼도 그저 슬픈 것만은 아니다. 감정의 촉이 무뎌져서가 아니다. 우리의 의식이 나이에 따라 적절하게 시프트하고 있기 때문이다. 그래서 오래 산 사람들의 감정은 철학적이다.

시간이 얼마 남지 않았다는 자각은 작가의 관점에서 삶을 바라보게 하는 관점의 시프트도 가져온다. 나이가 들면 누구나 작가가 된다. 살아오면서 경험과 이야기 소재가 다양해졌기 때문이기도 하지만, 시간이 얼마 남지 않았다는 생각은 우리 삶의 무게중심을 재미로부터 의미로 옮겨가게 만든다. 나이가 들면 일상의 모든 행위에서 의미를 발견한다. 세상에 우연이란 없다고 믿게 되며, 지금의 나는 무한히 얽히고설킨 사건과 인연을 통해 존재하게 되었음을 깨닫게 되고, 실패에서도 교훈을 발견하게 된다.

그리하여 비로소 인생이 하나의 스토리임을 깨닫게 된다. 자기 이야기를 '쓰고 싶다'는 생각은 어느새 자기 이야기를 '써야만 한다'는 운명으로 바뀐다. 무심코 지나쳤던 일상의 풍경들이 정지 화면처럼 하나씩 하나씩 천천히 인식되기 시작한다. 현재를 음미하고 소소한 즐거움을 발견하는 지금 여기의 삶이 살아지게 된다. 젊은 날, 그렇게 깨닫기 어려웠던 '멈추면 비로소 보이는' 원리가 나이 들면 자연스럽게 깨달아진다. 나이 듦에 따라 변화하는 타구의 방향을 정확히 포착하여 생각과 감정과 행동을 적절하게 시프트하는 인간이란, 야구로 치면 귀신같은 명감독이 아닌가.

그런 삶의 모습을 보여주는 사람에게서 우리는 큰 위로와 지혜를 얻는다. 미움받을 용기가 가득한 그들에게서 경외감을 느낀다. 죽음을 의식하며 살고 있기 때문에 드러나는 삶의 품격이다.

10. 지나치게 심각하지 않은 삶

좋은 글과 좋은 삶에는 공통점이 많다. 우선 둘 다 길이와는 크게 상관이 없다. 좋은 장편소설도 있지만 좋은 단편소설도 있다. 사람의 영혼을 움직이기 위해서 단 한 줄의 글만으로도 충분할 때가 있다. 좋은 삶도 얼마나 오래 사느냐의 문제는 아니다. 서른셋을 살고 간 청년 예수의 짧은 삶이 좋은 예다.

좋은 글이나 좋은 삶은 형식의 제약도 받지 않는다. 좋은 글은 소설에서도 시에서도 수필에서도 그리고 논문에서도 발견된다. 삶도 그렇다. 각자의 직업이 무엇이든 좋은 삶을 살 수 있다. 길이와 형식에 상관없다면, 어떤 글을 좋은 글로, 어떤 삶을 좋은 삶으로 만드는 힘은 무엇일까?

하나는 생명력이다. 생명력 있는 글이 좋은 글이고, 생명력 있는 삶이 좋은 삶이다. 생명력이 있는 글이란 불필요한 부사(副詞)가 많이 쓰이지 않은 글이다. 미국의 작가 스티븐 킹은 "지옥으로 가는 길은 부사로 덮여 있다(The road to hell is paved with adverbs)"라면서 불필요한 부사의 남발에 대해 경고한 바 있다.[15] 작가가 자신의 주장에 자신이 없을 때 불필요한 수식어를 남발하게 된다. 부사를 내세워 자기주장을 정당화하려고 한다.

좋은 삶도 그렇다. 불필요한 부사들을 주렁주렁 매달고 사는 인생은 생명력이 없다. 필요 이상의 권력, 부, 명품, 이미지 등이 인생의 부사들이다. 글에서 부사를 한번 남용하기 시작하면 걷잡을 수 없이 부사의 수가 늘어나듯이, 인생의 부사에 의지하기 시작하면 걷잡을 수 없이 그 수가 늘어난다. 결국 생명력이라곤 전혀 느낄 수 없는 그저 그런 글과 그저 그런 삶이 되고 만다.

좋은 글과 좋은 삶의 두 번째 특징은 톤(tone)이다. 지나치게 강한 어조의 글은 독자들의 자유를 침해한다. 독자들의 상상력도 제한한다. 때로 그런 단정적인 글은 글쓴이의 지적 오만이나 지적 무지를 드러내기도 한다. 학자들의 글도 마찬가지다. 세계적인 저널에 논문을 투고했을 때, 단번에 심사를 통과하는 경우는 매우 드물다. 연구 방법론의 한계나 분석의 오류 때문이기도 하지만, 때로는 글 자체의 문제 때문이기도 하다.

심사자들이 단골로 지적하는 것이 문장의 톤이다. 글의 어조를 낮추어달라고(tone down) 늘 요청한다. 연구의 증거가 아무리 강력해 보이더라도 그 결과가 100퍼센트 옳다고 확신하기는 어렵다. 다른 방법으로 실험했을 때도 동일한 결과가 나오리란 보장이 없어서다. 연구자들의 해석만이 유일한 해석이라는 보장은 더더욱 없다. 증거는 최대한 치밀하고 확실하게 갖추되, 주장은 유연해야 좋은 논문이다.

좋은 삶도 그렇다. 아무리 자기 확신이 강하더라도 지나치게 단정적인 어조로 삶을 살아가면, 주변 사람들이 불편해한다. 자유의 침해를 경험하기 때문이다. 아무리 확신에 찬 주장이라 할지라도, 더 나은 주장이 존재할 가능성은 늘 존재한다. 옳고 그름의 문제가 아니라 다름의 문제인 경우에 자신의 주장만을 고집하는 것은 의식의 편협함을 드러낼 뿐이다.

유연한 삶이 곧 타협하는 삶은 아니다. 삶의 복잡성에 대한 겸허한 인식이고, 생각의 다양성에 대한 쿨한 인정이며, 자신의 한계에 대한 용기 있는 고백이다. 확신을 갖되 타인에게 강요하지 않는 삶을 사는 것이 품격이 있는 삶이다. 아무리 옳은 주장이라고 하더라도 지나친 확신으로 타인을 몰아붙이는 것은 타인의 자율성을 침해하는 행위이며, 궁극적으로 상대의 행복을 위협하는 행위다.

이문재의 시 「농담」은 그런 의미에서 다시 한번 우리 삶을 뒤돌아보게 한다.[16]

문득 아름다운 것과 마주쳤을 때
지금 곁에 있으면 얼마나 좋을까 하고
떠오르는 얼굴이 있다면 그대는
사랑하고 있는 것이다
그윽한 풍경이나

제대로 맛을 낸 음식 앞에서

아무도 생각하지 않는 사람

그 사람은 정말 강하거나

아니면 진짜 외로운 사람이다

종소리를 더 멀리 내보내기 위하여

종은 더 아파야 한다

이토록 멋진 시의 제목이 왜 "농담"일까? 가벼운 유머라는 뜻의 농담(弄談)일까, 아니면 깊이 있는 말이라는 뜻의 농담(濃談)일까? 시인의 뜻을 정확히 알 수는 없지만, 가벼운 농담이라고 이해하면 삶의 어조를 낮추고 지나치게 심각하게 살지 않는 삶의 태도가 무엇인지 짐작해볼 수 있다. 사랑에 대하여, 외로운 사람에 대하여 자신의 생각을 말해놓고는, 자신의 말을 너무 심각하게 받아들이지는 말라고 톤을 낮추는 듯하다.

물질과 권력과 이미지를 향한 욕망이 득실거리는 이 물질주의 시대에, 자신의 생각이 옳다고 주장하지 않으면 루저가 되고 말 것이라는 불안이 팽배한 이 자기표현의 시대에, 인생의 부사를 줄이고 삶의 어조를 낮추는 자세로 살았으면 좋겠다.

인생에는 우리 자신의 행복 못지않게 중요한 것이 많다. 그중 으뜸은 타인의 행복이다.

타인의 행복을 해치면서까지 자신의 행복을 추구하는 품격 없는 삶을 살고 있지 않은지 우리 자신을 돌아봐야 한다. 더 나아가 삶을 향한 우리의 태도와 자세, 그리고 가정(假定)도 점검해봐야 한다. 비록 그런 자기 성찰의 노력이 우리를 곧바로 행복하게 만들어주지는 않는다 하더라도 우리 삶에 품격은 더해줄 것이다.

굿 라이프 10계명

좋은 삶은 '좋은 것이 많은 삶'이다. 좋은 삶에 대한 이 단순하면서도 상식적인 정의가 설득력을 갖기 위해서는 두 가지 추가 작업이 진행되어야 한다. 하나는 '좋은 것'이 어떤 것인지를 정하는 작업이고, 다른 하나는 '많은'의 기준을 정하는 작업이다.

좋은 것의 리스트를 정하는 작업은 비교적 간단하다. 좋은 것의 기준이 주관적이긴 하지만, 행복과 웰빙에 관한 그동안의 연구들을 참고하면 어렵지 않게 리스트를 만들 수 있다.

좋은 것의 많고 적은 기준을 정하는 방법도 얼핏 보면 간단해 보인다. 세어보면 된다. 그러나 좋은 것의 많고 적음을 매 순간

세면서 살아가는 것은 비현실적이다. 가끔씩 시간을 따로 내어 감사 목록을 적어볼 수는 있지만, 삶의 모든 순간을 그렇게 보낼 수는 없는 노릇이다.

한 가지 대안은 좋은 것의 많고 적음을 실시간으로 알려주는 신호 혹은 증상이 무엇인지를 알아내는 것이다. 좋은 것을 일일이 세지 않아도 그 많고 적음을 마치 자동차의 계기판처럼 혹은 주식시장의 주가지수처럼 즉각적으로 알려주는 신호 혹은 증상을 찾아보는 것이다. 이 또한 그동안의 연구들을 종합해보면 어렵지 않게 찾을 수 있다.

굿 라이프의 3 + 7 시스템

3가지 신호

좋은 것의 많고 적음을 알려주는 신호로 가장 신뢰할 수 있는 후보들은 앞에서 소개한 좋은 기분, 삶에 대한 만족, 그리고 의미다.

❶ 좋은 기분(Good feeling)
❷ 좋은 평가(Good evaluation)

❸ 좋은 의미(Good meaning)

인간은 매 순간 자신의 세상을 경험하면서 동시에 자신의 삶 전체를 평가하는 존재다. 경험하는 매 순간에 자신의 삶에 좋은 것이 많으면 그것은 '좋은 기분'이라는 신호로 나타난다. 자신의 삶 전체를 평가할 때 좋은 것이 많다고 느껴지면 그것은 '만족'과 '의미'라는 신호로 나타난다.

快·足·意, 이 세 가지야말로 우리 삶의 상태를 알려주는 중요한 신호다. 운전하는 동안 가끔씩 계기판을 확인해야 하듯이, 살아가면서 가끔은 이 세 가지를 체크해봐야 한다. 굿 라이프란 이 세 가지가 양호한 상태다.

7가지 좋은 것들

우리 몸에 좋은 것들이 있듯이 우리 삶에도 좋은 것들이 있다. 기존의 연구들을 분석해보면 크게 일곱 가지의 좋은 것을 추출할 수 있다. 1부에서 소개한 행복한 사람들의 삶의 기술, 2부에서 소개한 의미의 원천, 그리고 3부에서 소개한 품격 있는 사람들의 특징도 사실은 모두 이에 관한 것이다.

❶ 좋은 사람(Good People)

❷ 좋은 돈(Good Money)

❸ 좋은 일(Good Work)

❹ 좋은 시간(Good Time)

❺ 좋은 건강(Good Health)

❻ 좋은 자기(Good Self)

❼ 좋은 프레임(Good Frame)

이 일곱 가지를 선정한 기준은 위에서 소개한 세 가지 신호와의 연결성이다. 좋은 기분, 자기 삶에 대한 만족, 그리고 삶의 의미를 제공해주는 역할이 강한 것들로 일곱 가지를 선정했다.

- **Good People**: 좋은 삶은 좋은 사람들이 있는 삶이다. 좋은 사람이란 착한 사람이 아니라 우리에게 좋은 기분, 삶에 대한 만족, 그리고 삶의 의미를 느끼게 해주는 사람이다.

- **Good Money**: 좋은 삶은 좋은 돈이 많은 삶이다. 좋은 돈이란 많은 돈이나 착하게 번 돈이 아니라 우리에게 좋은 기분, 삶에 대한 만족, 그리고 삶의 의미를 느끼게 해주는 돈이다.

- **Good Work**: 좋은 삶은 좋은 일이 있는 삶이다. 좋은 일이란 급여가 많거나 복지 혜택이 많은 일만이 아니라 일하는 동안 좋은 기분, 삶에 대한 만족, 그리고 삶의 의미를 느끼게 해주는 일이다.

- **Good Time**: 좋은 삶이란 좋은 시간이 많은 삶이다. 좋은 시간이란 단순히 편안하거나 신나는 시간이 아니라 좋은 기분, 삶에 대한 만

족, 그리고 삶의 의미를 느끼게 해주는 시간이다.

- **Good Health**: 좋은 삶이란 좋은 건강 상태로 사는 삶이다. 몸이 아픈 상태에서도 행복을 경험할 수 있고 또 행복해지기 위해 노력해야 하지만, 처음부터 몸을 건강하게 유지하도록 노력하는 것이 중요하다. 조금 과장하자면 우리 모두는 운동선수가 되어야 한다. 좋은 기분, 삶에 대한 만족, 그리고 삶의 의미를 경험하면서 살 수 있도록 좋은 건강을 유지해야 한다.
- **Good Self**: 좋은 삶이란 좋은 자기로 사는 삶이다. 자기 삶의 가장 중요한 요소는 자기 자신이다. 따라서 좋은 삶은 자기 자신에 대하여 좋은 기분, 만족, 그리고 삶의 의미를 경험하면서 사는 삶이다.
- **Good Frame**: 좋은 삶이란 좋은 프레임으로 세상을 보는 삶이다. 좋은 프레임이란 좋은 기분, 삶에 대한 만족, 그리고 삶의 의미를 발견하도록 도와주는 생각이다. 또한 자신의 삶에 품격을 더해주는 생각이다.

삶에 대한 자기만의 기준이 명확하고, 동시에 그 기준이 건강하면 살아가는 데 거침이 없다. 그 기준 외의 것들에 대해서 자유로울 수 있기 때문이다. 살면서 흔들리는 이유는 자기 기준이 없어서다. 『굿 라이프』는 단 하나의 옳은 기준을 독자들에게 제시하기 위해 쓰여진 것이 아니다. 그동안의 연구를 참고해서 만들어본 저자의 개인적인 기준을 하나의 예시로 제공함으로써 독자들 스스로 자기만의 기준을 만들어보시기를 권장하기 위해 쓰여졌다. 독자들만의 자작곡을 꼭 만들어보시기를 권한다.

출처

PART 01

Chapter 03

1. 잘하는 일보다 좋아하는 일을 한다(95쪽)
   최인철 (2018. 3. 14). 잘하는 일과 좋아하는 일이 다를 때. 중앙일보.
   Retrieved from http://news.joins.com/article/22438721
7. 돈으로 시간을 산다(121쪽)
   최인철 (2017. 9. 7). 공간으로 시간을 사다. 한국일보.
   Retrieved from http://www.hankookilbo.com/v/7eb90a22eb0f4097bb6
   d243bd5440e64
9. 소소한 즐거움을 자주 발견한다(129쪽)
   최인철 (2014. 2. 3). '국민 幸福 시대'의 메달 색깔 논쟁. 조선일보.
   Retrieved from http://premium.chosun.com/site/data/html_dir/2014
   /02/02/2014020202298.html
10. 비움으로 채운다(133쪽)
   최인철 (2017. 12. 28). 딱 한 가지만 하기. 한국일보.
   Retrieved from http://hankookilbo.com/v/d0ca40e93ac149b38044ac9b
   355bd09a

PART 03

1. 자기중심성을 극복하기 위해 노력하는 삶(228쪽)
   최인철 (2012. 10. 26). 지리적 편중과 의식의 편중. 한국일보.
   Retrieved from http://www.hankookilbo.com/v/63a62f698ed44254bb5f
   62c6cceb5a07

2. 여행의 가치를 아는 삶(231쪽)

    최인철 (2017. 3. 23). 여행하는 자가 누리는 삶의 품격. 한국일보.
    Retrieved from http://www.hankookilbo.com/v/19be56eba4294cab922
    a45c6168d630d

3. 인생의 맞바람과 뒷바람을 모두 아는 삶(235쪽)

    최인철 (2017. 5. 4). 뒷바람과 맞바람. 한국일보.
    Retrieved from http://www.hankookilbo.com/v/326be48ef09d42fe912c
    be2208f560e1

4. 냉소적이지 않은 삶(239쪽)

    최인철 (2017. 4. 13). 냉소(冷笑): 짧은 쾌감, 긴 역풍. 한국일보.
    Retrieved from http://www.hankookilbo.com/v/bbe6edd7031b4c11b3f
    a09e20c33bc0f

5. 질투하지 않는 삶(243쪽)

    최인철 (2017. 8. 17). 개인의 질투, 집단의 질투. 한국일보.
    Retrieved from http://www.hankookilbo.com/v/f4203843b7f3463399a0
    f4faf21f1369

6. 한결같이 노력하는 삶(247쪽)

    최인철 (2014. 8. 4). 그래도 노력해야 한다. 조선일보.
    Retrieved from http://premium.chosun.com/site/data/html_dir/2014
    /08/03/2014080302077.html

7. "내 그럴 줄 알았지"라는 유혹을 이겨내는 삶(251쪽)

    최인철 (2014. 5. 28). '내 그럴 줄 알았지' 현상의 得과 毒. 조선일보.
    Retrieved from http://premium.chosun.com/site/data/html_dir/2014
    /05/27/2014052704533.html

9. 죽음을 인식하며 사는 삶(258쪽)

    최인철 (2017. 12. 7). 시간이 얼마 남지 않았을 때 찾아오는 깨달음. 한국일보.
    Retrieved from http://www.hankookilbo.com/v/2ec1d6890c234dfab49e
    1d097ca5670f

10. 지나치게 심각하지 않은 삶(262쪽)

    최인철 (2018. 4. 11). 지나치게 심각하지 않은 삶. 중앙일보.
    Retrieved from http://news.joins.com/article/22524608

참고문헌

PART 01

Chapter 01

1. 30쪽

   Oishi, S., Graham, J., Kesebir, S., & Galinha, I. C. (2013). Concepts of happiness across time and cultures. *Personality and Social Psychology Bulletin, 39(5),* 559-577.

2. 31쪽

   McMahon, D. M. (2006). *Happiness: A History.* Grove Press.

3. 33쪽

   박재희 (2012, 4). 행복(幸福)에서 쾌족(快足)으로!. 동아비즈니스리뷰, 102(1). Retrieved from http://dbr.donga.com/article/view/1303/article_no/4850

4. 36쪽

   Watson, D., Clark, L. A., & Tellegen, A. (1988). Development and validation of brief measures of positive and negative affect: The PANAS scales. *Journal of Personality and Social Psychology, 54,* 1063-1070.

5. 39쪽

   Nietzsche, F. (1889). *Twilight of the Idols and The Anti-Christ,* translated with an introduction and commentary by R. J. Hollingdale (1968th ed.). Harmondsworth: Penguin Books.

6. 44쪽

   Ehrenreich, B. (2009). *Bright-Sided: How Positive Thinking Is Undermining America.* Metropolitan Books.

7. 45쪽

   Fredrickson, B. L., & Losada, M. F. (2005). Positive affect and the complex dynamics of human flourishing. *American Psychologist, 60(7),* 678-686.

Fredrickson, B. L., & Losada, M. F. (2013). Positive affect and the complex dynamics of human flourishing: Correction to Fredrickson and Losada (2005). *American Psychologist, 68(9)*, 822.

8. 46쪽

Lewis, M. (2016). *The Undoing Project: A Friendship that Changed Our Minds*. WW Norton & Company.

9. 48쪽

McMahan, E. A., & Estes, D. (2011). Measuring lay conceptions of well-being: The beliefs about well-being scale. *Journal of Happiness Studies, 12(2)*, 267-287.

10. 49쪽

McMahan, E. A., Choi, I., Kwon, Y., Choi, J., Fuller, J., & Josh, P. (2016). Some Implications of Believing That Happiness Involves the Absence of Pain: Negative Hedonic Beliefs Exacerbate the Effects of Stress on Well-Being. *Journal of Happiness Studies, 17(6)*, 2569-2593.

11. 51쪽

김사인 (2006). 가만히 좋아하는. 창비.

Chapter 02

1. 58쪽

Lykken, D., & Tellegen, A. (1996). Happiness is a stochastic phenomenon. *Psychological Science, 7(3)*, 186-189.

2. 58쪽

Myers, D. G., & Diener, E. (1995). Who is happy?. *Psychological Science, 6(1)*, 10-19.

3. 61쪽

Lykken, D. (1999). *Happiness: The Nature and Nurture of Joy and Contentment*. New York: St. Martin's Griffin.

4. 64쪽

Francis, D., & Kaufer, D. (2011). Beyond nature vs. nurture. *The Scientist, 25(10)*, 94.

5. 76쪽

Choi, I., Yoo, J., Lee, J., & Choi, E. (Unpublished manuscript). Essentializing happiness reduces one's motivation to be happier.

6. 79쪽

Heine, S. J. (2017). *DNA Is Not Destiny: The Remarkable, Completely Misunderstood Relationship between You and Your Genes*. WW Norton & Company.

7. 80쪽

    Turkheimer, E. (2000). Three laws of behavior genetics and what they mean. *Current Directions in Psychological Science, 9(5)*, 160-164.

8. 81쪽

    Brickman, P., & Campbell, D. T. (1971). Hedonic relativism and planning the good society. In M. H. Appley (Ed.), *Adaptation-Level Theory: A Symposium* (pp. 287-305). New York: Academic Press.

9. 84쪽

    Lucas, R. E. (2007). Adaptation and the set-point model of subjective well-being: Does happiness change after major life events?. *Current Directions in Psychological Science, 16(2)*, 75-79.

10. 86쪽

    Brickman, P., Coates, D., & Janoff-Bulman, R. (1978). Lottery winners and accident victims: Is happiness relative?. *Journal of Personality and Social Psychology, 36(8)*, 917-927.

Chapter 03

1. 96쪽

    정민화, 최종안, & 최인철 (2017). 행복한 사람들의 선택: 좋아하는 것과 잘하는 것. 한국심리학회 학술대회 자료집, 258.

2. 101쪽

    Kwon, Y., Choi, E., Choi, I., & Choi, J. (Under review). Discrepancy regarding self, family, and country and happiness: The critical role of self and cultural orientation. *Journal of Happiness Studies*.

3. 103쪽

    김호정 (2011. 10. 30). [J스페셜-월요인터뷰] 스타 첼리스트 요요마. 중앙일보. Retrieved from http://news.joins.com/article/6322784

4. 105쪽

    Kim, J., Hong, E. K., Choi, I., & Hicks, J. A. (2016). Companion versus comparison: Examining seeking social companionship or social comparison as characteristics that differentiate happy and unhappy people. *Personality and Social Psychology Bulletin, 42(3)*, 311-322.

5. 106쪽
    Kang, P., Lee, Y., Choi, I., & Kim, H. (2013). Neural evidence for individual and cultural variability in the social comparison effect. *Journal of Neuroscience, 33(41)*, 16200-16208.

6. 110쪽
    Sul, S., Kim, J., & Choi, I. (2016). Subjective well-being, social buffering and hedonic editing in the quotidian. *Cognition and Emotion, 30(6)*, 1063-1080.

7. 110쪽
    홍경화. (2014). The high price of Korean materialism on chronic and momentary happiness. 서울대 석사학위논문.

8. 111쪽
    김현지. (2014). Well-being and the price tag of relationships: The effect of happiness on relational experience valuation. 서울대 석사학위논문.

9. 113쪽
    Oishi, S., & Kesebir, S. (2015). Income inequality explains why economic growth does not always translate to an increase in happiness. *Psychological Science, 26(10)*, 1630-1638.

10. 114쪽
    유엄식 (2017. 4. 3). 韓 가계 1인당 가처분소득 年1800만원…OECD 중하위권. 머니투데이. Retrieved from http://news.mt.co.kr/mtview.php?no=20170402080 30760023

11. 116쪽
    Van Boven, L., & Gilovich, T. (2003). To do or to have? That is the question. *Journal of Personality and Social Psychology, 85(6)*, 1193-1202.

12. 117쪽
    오혜원. (2015). The relationship between happiness and perception of purchases: Experiential versus material. 서울대 석사학위논문.

13. 118쪽
    Schwartz, B., Ward, A., Monterosso, J., Lyubomirsky, S., White, K., & Lehman, D. R. (2002). Maximizing versus satisficing: Happiness is a matter of choice. *Journal of Personality and Social Psychology, 83(5)*, 1178-1197.

14. 122쪽
    Choi, J., Catapano, R., & Choi, I. (2017). Taking stock of happiness and meaning in everyday life an experience sampling approach. *Social*

Psychological and Personality Science, 31(6), 1277-1285.

15. 123쪽

Whillans, A. V., Dunn, E. W., Smeets, P., Bekkers, R., & Norton, M. I. (2017). Buying time promotes happiness. *Proceedings of the National Academy of Sciences, 114(32)*, 8523-8527.

16. 124쪽

Hershfield, H. E., Mogilner, C., & Barnea, U. (2016). People who choose time over money are happier. *Social Psychological and Personality Science, 7(7)*, 697-706.

17. 126쪽

Choi, J., Catapano, R., & Choi, I. (2017). Taking stock of happiness and meaning in everyday life an experience sampling approach. *Social Psychological and Personality Science, 31(6)*, 1277-1285.

18. 131쪽

Diener, E., Sandvik, E., & Pavot, W. (1991). Happiness is the frequency, not the intensity, of positive versus negative affect. In F. Strack, M. Argyle, & N. Schwarz (Eds.), *International Series in Experimental Social Psychology, Vol. 21. Subjective Well-Being: An Interdisciplinary Perspective* (pp. 119-139). Elmsford, NY, US: Pergamon Press.

19. 131쪽

Choi, J., & Choi, I. (2017). Happiness is medal-color blind: Happy people value silver and bronze medals more than unhappy people. *Journal of Experimental Social Psychology, 68*, 78-82.

20. 133쪽

Schulte, B. (2014). *Overwhelmed: How to Work, Love, and Play When No One Has the Time*. Sarah Crichton Books.

21. 134쪽

Mogilner, C., Chance, Z., & Norton, M. I. (2012). Giving time gives you time. *Psychological Science, 23(10)*, 1233-1238.

22. 136쪽

Brooks, A. C. (2007). Does giving make us prosperous?. *Journal of Economics and Finance, 31(3)*, 403-411.

Part 02

1. 143쪽
    Kahneman, D., & Riis, J. (2005). Living, and thinking about it: Two
    perspectives on life. In F. Huppert, B. Keverne, & N. Baylis (Eds.), *The
    Science of Well-Being*. Oxford, England: Oxford University Press.

Chapter 04

1. 151쪽
    Frankl, V. E. (1985). *Man's Search for Meaning*. Simon and Schuster.
2. 151쪽
    Ariely, D., Kamenica, E., & Prelec, D. (2008). Man's search for meaning:
    The case of Legos. *Journal of Economic Behavior and Organization*,
    67(3-4), 671-677.
3. 153쪽
    Klinger, E. (1998). The search for meaning in evolutionary perspective
    and its clinical implications. In P. T. P. Wong & P. S. Fry (Eds.), *The Human
    Quest for Meaning: A Handbook of Psychological Research and Clinical
    Applications* (pp. 27-50). Mahwah, NJ, US: Lawrence Erlbaum Associates
    Publishers.
4. 156쪽
    McGregor, I., & Little, B. R. (1998). Personal projects, happiness, and
    meaning: on doing well and being yourself. *Journal of Personality and
    Social Psychology*, *74(2)*, 494-512.

Chapter 05

1. 166쪽
    Choi, J., Ryu, S., & Choi. I. (2018). Lay theories of well-being an aging well:
    Lay eudaimonism is more beneficial for the older people. Manuscript
    submitted for publication.
2. 172쪽
    Fredrickson, B. L., Grewen, K. M., Coffey, K. A., Algoe, S. B., Firestine, A. M.,
    Arevalo, J. M., ... & Cole, S. W. (2013). A functional genomic perspective on
    human well-being. *Proceedings of the National Academy of Sciences,
    110(33)*, 13684-13689.
3. 176쪽

Choi, J., Catapano, R., & Choi, I. (2017). Taking stock of happiness and meaning in everyday life an experience sampling approach. *Social Psychological and Personality Science, 31(6)*, 1277-1285.

4. 183쪽

Kim, J., Kang, P., & Choi, I. (2014). Pleasure now, meaning later: Temporal dynamics between pleasure and meaning. *Journal of Experimental Social Psychology, 55*, 262-270.

5. 184쪽

Trope, Y., & Liberman, N. (2003). Temporal construal. *Psychological Review, 110*, 403-421.

6. 188쪽

Fuller, J. A. & Choi, I. (In preperation). *Temporal dynamics of pleasure and meaning: Effects of perceived duration of time on preference and decision making.*

Chapter 06

1. 196쪽

Wrzesniewski, A., McCauley, C., Rozin, P., & Schwartz, B. (1997). Jobs, careers, and callings: People's relations to their work. *Journal of Research in Personality, 31(1)*, 21-33.

Fredrickson, B. L. (2009). *Positivity*. NY: Crown Publishers.

2. 202쪽

Fredrickson, B. L. (2001). The role of positive emotions in positive psychology: The broaden-and-build theory of positive emotions. *American Psychologist, 56(3)*, 218-226.

3. 208쪽

Baumeister, R. F., & Tierney, J. (2011). *Willpower: Rediscovering the Greatest Human Strength*. NY: Penguin Press.

4. 208쪽

DeSteno, D. (2018). *Emotional Success: The Power of Gratitude, Compassion, and Pride*. NY: Houghton Mifflin Harcourt.

5. 209쪽

Lyubomirsky, S., King, L., & Diener, E. (2005). The benefits of frequent positive affect: Does happiness lead to success?. *Psychological Bulletin, 131(6)*, 803-855.

6. 210쪽

Choi, I., Lim, S., Catapano, R., & Choi, J. (2018). Comparing two roads to success: Self-control predicts achievement and happiness predicts relationships. Manuscript submitted for publication.

7. 216쪽

    Emmons, R. A. (2003). Personal goals, life meaning, and virtue: Wellsprings of a positive life. In C. L. M. Keyes & J. Haidt (Eds.), *Flourishing: Positive Psychology and the Life Well-Lived* (pp. 105-128). Washington, DC, US: American Psychological Association.

Part 03

1. 222쪽

    Dunn, E. W., Aknin, L. B., & Norton, M. I. (2008). Spending money on others promotes happiness. *Science, 319*, 1687-1688.

2. 224쪽

    Hursthouse, R. (1999). *On Virtue Ethics*. Oxford University Press.

3. 228쪽

    Dawtry, R. J., Sutten, R. M., & Sibley, C. G. (2015). Why wealthier people think people are wealthier, and why it matters: From social sampling to attitudes to redistribution. *Psychological Science, 26*, 1389-1400.

4. 232쪽

    Hellmanzik, C. (2012). Does travel inspire? Evidence from the superstars of modern art. *Empirical Economics, 45*, 281-303.

5. 233쪽

    Simonton, D. K. (1997). Foreign influence and national achievement: The impact of open milieus on Japanese civilization. *Journal of Personality and Social Psychology, 72*, 86-94.

6. 235쪽

    Franzoni, C., Scellato, G., & Stephan, P. (2014). The mover's advantage: The superior performance of migrant scientists. *Economics Letters, 122*, 89-93.

7. 236쪽

    Davidai, S., & Gilovich, T. (2016). The headwinds/tailwinds asymmetry: An availability bias in assessments of barriers and blessings. *Journal of Personality and Social Psychology, 111*, 835-851.

8.   240쪽

Neuvonen, E., Rusanen, M., Solomon, A., Ngandu, T., Laatikainen, T., Soininen, H., ... & Tolppanen, A. M. (2014). Late-life cynical distrust, risk of incident dementia, and mortality in a population-based cohort. *Neurology, 82(24)*, 2205-2212.

9.   241쪽

Stavrova, O., & Ehlebracht, D. (2016). Cynical beliefs about human nature and income: Longitudinal and cross-cultural analyses. *Journal of Personality and Social Psychology, 110(1)*, 116-132.

10. 245쪽

Herrmann, B., Thoni, C., & Gachter, S. (2008). Antisocial punishment across societies. *Science, 319(5868)*, 1362-1367.

11. 247쪽

Macnamara, B. N., Hambrick, D. Z., & Oswald, F. L. (2014). Deliberate practice and performance in music, games, sports, education, and professions: A meta-analysis. *Psychological Science, 25(8)*, 1608-1618.

12. 251쪽

Slovic, P., & Fischhoff, B. (1977). On the psychology of experimental surprises. *Journal of Experimental Psychology: Human Perception and Performance, 3(4)*, 544.

13. 256쪽

류태형 (2016. 1. 11). 파격의 피아니스트? 모든 사람 마음에 들 순 없죠(임현정 인터뷰). 중앙일보. Retrieved from http://news.joins.com/article/19389288

14. 259쪽

Carstensen, L. L., Isaacowitz, D. M., & Charles, S. T. (1999). Taking time seriously: A theory of socioemotional selectivity. *American Psychologist, 54(3)*, 165.

15. 262쪽

King, S. (2002). *On Writing*. Simon and Schuster.

16. 264쪽

이문재 (2004). 제국호텔. 문학동네, p. 11.

KI신서 9557

굿 라이프
내 삶을 바꾸는 심리학의 지혜

1판 1쇄 발행 2018년 6월 20일
2판 1쇄 발행 2021년 2월 10일
3판 6쇄 발행 2025년 4월 7일

지은이 최인철
펴낸이 김영곤
펴낸곳 (주)북이십일 21세기북스
인문기획팀 양으녕 이지연 서진교 김주현 이정미 **디자인** 황소자리
마케팅팀 남정한 나은경 최명열 한경화 권채영 양슬기 최유성 손용우 송혜수 전연우 명인수
영업팀 한충희 장철용 강경남 황성진 김도연 변유경
제작팀 이영민 권경민

출판등록 2000년 5월 6일 제406-2003-061호
주소 (10881) 경기도 파주시 회동길 201(문발동)
대표전화 031-955-2100 **팩스** 031-955-2151 **이메일** book21@book21.co.kr

(주)북이십일 경계를 허무는 콘텐츠 리더

21세기북스 채널에서 도서 정보와 다양한 영상자료, 이벤트를 만나세요!
페이스북 facebook.com/jiinpill21   포스트 post.naver.com/21c_editors
인스타그램 instagram.com/jiinpill21 홈페이지 http://www.book21.com
유튜브 www.youtube.com/book21pub
서울대 가지 않아도 들을 수 있는 명강의! 〈서가명강〉
유튜브, 네이버, 팟캐스트에서 '서가명강'을 검색해보세요!

ⓒ 최인철, 2018
ISBN 978-89-509-7591-3 03320